NOUVELLES CONSIDÉRATIONS

SUR

LE CARACTÈRE GÉNÉRAL DES PEUPLES SÉMITIQUES,

ET EN PARTICULIER

SUR LEUR TENDANCE AU MONOTHÉISME.

EXTRAIT N° 3 DE L'ANNÉE 1859

DU JOURNAL ASIATIQUE.

NOUVELLES CONSIDÉRATIONS

SUR

LE CARACTÈRE GÉNÉRAL DES PEUPLES SÉMITIQUES,

ET EN PARTICULIER

SUR LEUR TENDANCE AU MONOTHÉISME,

PAR M. ERNEST RENAN.

PARIS.

IMPRIMERIE IMPÉRIALE.

———

M DCCC LIX.

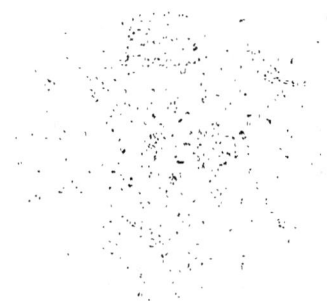

NOUVELLES CONSIDÉRATIONS

LE CARACTÈRE GÉNÉRAL DES PEUPLES SÉMITIQUES,

ET EN PARTICULIER

SUR LEUR TENDANCE AU MONOTHÉISME.

PREMIÈRE PARTIE[1].

Pour juger le caractère d'une nation et d'une race, il faut considérer ce qu'elle a fait dans le monde, rechercher par quoi elle a marqué sa trace dans l'histoire, voir en quoi elle a réussi. Cela posé, quelle est l'œuvre de la race sémitique envisagée dans l'ensemble de l'histoire universelle? Cette œuvre, c'est évidemment la prédication et la fondation du monothéisme.

----

[1] L'auteur a essayé dans le présent mémoire de répondre à diverses objections qui furent adressées au premier chapitre du premier volume de son ouvrage intitulé *Histoire générale et système comparé des langues sémitiques.* Dans l'avertissement placé en tête de la deuxième édition du volume susdit, l'auteur a expliqué les motifs qui l'avaient porté d'abord à réserver le présent mémoire pour le deuxième volume de son ouvrage, non encore publié. D'autres motifs l'ont depuis engagé à le donner ici séparément.

Les trois grands faits généraux par lesquels la race sémitique est sortie du domaine étroit que la géographie lui assigne sont le judaïsme, le christianisme et l'islamisme. Or en quoi se résument ces trois faits, auxquels nul autre dans l'histoire des religions ne saurait être comparé? En la conversion du genre humain au culte d'un dieu unique. Aucune partie du monde n'a cessé d'être païenne que quand une de ces trois religions y a été portée, et, de nos jours encore, la Chine et l'Afrique arrivent au monothéisme, non par le progrès de la raison, mais par l'action des missionnaires chrétiens ou musulmans. C'est la Bible qui, portée furtivement par l'action des missions protestantes au sein de la société chinoise, y a produit ce mouvement religieux qui paraît destiné à aboutir à une sorte d'islam[1]. D'un bout à l'autre de l'Afrique, la prédication musulmane, partant du Caire et de Mascate, fait à l'heure qu'il est de surprenants progrès : tant il est vrai qu'une sorte d'inoculation sémitique est nécessaire pour rappeler l'espèce humaine à ce qu'on a nommé la *religion naturelle*, avec assez peu de raison, ce semble, puisque en réalité l'espèce humaine, en dehors de la race sémitique, n'y est guère arrivée par ses instincts naturels.

Une objection, je le sais, peut m'être ici adressée. Le judaïsme et le christianisme, me dira-t-on, sont l'œuvre de la même tribu, et l'islamisme n'est, à son

---

[1] Voyez le Rapport de M. Mohl dans le *Journal asiatique*, juillet 185..

tour, qu'une sorte de contrefaçon du judaïsme et du christianisme, grossièrement amalgamés; par conséquent, on n'est pas fondé à regarder comme l'œuvre de toute la race sémitique ce qui est l'œuvre spéciale du peuple juif, et le résultat des dons spéciaux qui lui furent départis.

Je remarquerai d'abord que, lors même que le monothéisme pur aurait été parmi les Sémites le partage exclusif du peuple juif, on n'en serait pas moins autorisé à faire figurer ce trait dans le caractère général de la race. Le caractère général d'une race doit être dessiné d'après celui des fractions qui le représentent le plus complétement. L'initiative artistique, philosophique, scientifique dans la race indo-européenne n'a guère appartenu qu'à la Grèce : la Grèce joue dans la race indo-européenne un rôle fort analogue à celui de la nation juive dans la race sémitique. Or, si l'on faisait un tableau général des aptitudes de la race indo-européenne, on serait forcément amené à prendre plusieurs traits de ce tableau dans l'idéal que nous offre la Grèce. Pour tracer le rôle général de la Grèce elle-même, n'est-ce pas à Athènes et à l'Ionie, bien plus qu'à Sparte et aux Doriens, que l'on songe? Une race, dans son ensemble, doit être jugée d'après la résultante finale qu'elle a insérée dans le tissu des choses humaines, et quand même nous ne saurions rien des antiquités de la race sémitique, nous serions autorisés à l'appeler une race monothéiste, puisque le rôle de celle de ses branches qui est arrivée à une importance de premier ordre a été de fonder le monothéisme dans l'humanité.

Une réponse plus directe, d'ailleurs, m'est permise, et je crois pouvoir établir que le monothéisme des Juifs n'a pas été dans la race sémitique un fait isolé. La race sémitique se divise, sous le rapport de la religion et des formes extérieures de la civilisation, en deux branches bien distinctes : 1° la branche nomade, renfermant les Arabes, les Hébreux et les populations rattachées à Térach ou Tharé, qui avoisinaient la Palestine ; 2° les populations sédentaires et formant les sociétés plus organisées de la Phénicie, de la Syrie, de la Mésopotamie, de l'Yémen. Je vais essayer de prouver que le monothéisme a toujours eu dans la première de ces branches son boulevard le plus sûr, et qu'il est loin d'avoir été aussi étranger à la seconde qu'on serait tenté de le croire d'abord.

I.

La première de ces deux thèses est, je crois, la moins contestée. Je l'aurai établie, si je réussis à démontrer, 1° que le fond de la religion hébraïque, dès la plus haute antiquité, a été le monothéisme; 2° que les autres Sémites nomades ont dû avoir à l'origine une religion peu différente de celle des patriarches hébreux.

I. L'ensemble des écritures juives nous présente les Hébreux comme monothéistes, au moins depuis Abraham. Mais comme ces écritures laissent entrevoir chez ceux qui leur ont donné la dernière forme un système historique conçu en vue de leurs idées religieuses, plusieurs critiques ont révoqué en doute l'exactitude de la tradition juive en ce point, et, suivant une analogie qui leur paraissait naturelle, ils ont supposé que les Hébreux, *comme tous les peuples*, furent d'abord polythéistes[1]. Une des preuves alléguées en faveur de cette hypothèse est la forme plurielle du nom de la divinité (אלהים). C'est là, je l'avoue, une preuve à laquelle j'accorde peu de valeur. La forme plurielle de ce nom, comme celle de plusieurs autres noms de la divinité, אֲדֹנָי, שַׁדַּי, s'explique par un idiotisme de la langue hébraïque qui fait employer le pluriel pour les mots abstraits, et en général pour les mots qui impliquent une idée de majesté[2]. L'éthiopien ኣምላክ = Dieu (proprement *les seigneurs*) fut aussi primitivement un pluriel, et la même particularité se retrouve en himyarite[3]. Le polythéisme, d'ailleurs, ne réside pas dans le simple fait de concevoir l'être divin comme une pluralité; il part de la distinction fondamentale des principes du monde, chacun de ces principes ayant son *nom propre* et son individualité. Un peuple dont le polythéisme se bor-

---

[1] L'ouvrage de Vatke (*Die biblische Theologie*; Berlin, 1835) est celui où le système que nous combattons est exposé avec le plus de conséquence; mais les assertions du savant auteur sont souvent gratuites, et son système sur la chronologie des écrits canoniques est, en beaucoup de points, tout à fait inadmissible.

[2] Gesenius, *Lehrgebäude*, § 124, 2, et § 171, 1. — Ewald, *Ausführliches Lehrbuch*, § 178 b. Le féminin est souvent employé pour le même objet.

[3] Osiander, dans le *Zeitschrift der deutschen morgenländischen Gesellschaft*, 1856, p. 60-61.

nerait à dire *Elohim* au lieu d'*Eloah*, sans appeler chaque *eloah* d'un nom spécial, mériterait à peine le nom de polythéiste. Ce n'est pas le pluriel *dii* qui prouve le polythéisme de l'antiquité classique, ce sont des noms tels que *Zeus*, *Hermès*, etc. Or il est évident qu'on ne trouve rien de pareil chez les Hébreux. Le mot *Elohim* n'était pas dans leur pensée un mot générique, impliquant plusieurs *eloah* et pouvant s'appliquer à chacun d'eux, comme cela avait lieu pour le mot *dii*, qui convenait également à Jupiter, Mercure, etc. Il n'y a dans la catégorie d'*elohim* qu'un seul être, qui est *Jéhovah*. *Elohim* est, il est vrai, un nom commun, et *Jéhovah* un nom propre, d'où l'on s'est cru autorisé à conclure que Jéhovah ne fut d'abord qu'un dieu particulier, qui aurait fini par absorber les autres. Mais les absorptions de divinités, dont l'histoire des cultes polythéistes offre de nombreux exemples, se passent d'une autre manière : les divinités absorbées ne disparaissent pas entièrement ; elles sont subordonnées aux dieux supérieurs, comme demi-dieux ou comme héros, non exterminées comme des êtres dont l'existence même serait un blasphème. Jéhovah n'est pas le plus grand entre plusieurs dieux ; c'est le *Dieu unique*. La critique ne peut trop se mettre en garde contre la tentation d'appliquer au développement de la race sémitique des lois constatées dans d'autres familles profondément différentes de celle qui nous occupe par leurs tendances et par leur esprit.

Tous les autres noms de la divinité, chez les Hé-

breux, expriment, comme celui d'*Elohim*, l'être par excellence et unique; tels sont : אל, שדי, אדני, עליון.
L'origine et la valeur propre du nom de יהוה est fort obscure[1]; en l'absence d'une meilleure hypothèse, il n'y a pas de raison décisive pour rejeter l'étymologie qui en est donnée dans l'Exode (III, 14), et qui le tire de l'idée d'*être*[2]. Ces sortes d'étymologies sont souvent arbitraires et conçues en dehors de toute philologie; mais il est certain que, dans le cas dont il s'agit ici, on n'en aperçoit pas de plus satisfaisante. J'en dirai autant de צבאות, expression qui n'est pas fort ancienne chez les Hébreux[3], et qui semble parallèle au رب العالمين des musulmans.

Comment concevoir, d'ailleurs, cette prétendue conversion, qui des Abrahamides polythéistes aurait fait les sectateurs les plus zélés de l'unité divine? A quelle époque la placer? Par quelle influence l'expliquer? Dira-t-on que c'est par suite d'une longue réflexion s'exerçant sur les choses divines? Mais qu'on y songe. Une seule tribu serait arrivée, dès une époque reculée, et en tout cas bien des siècles avant que la philosophie en eût eu la première aperception, à la doctrine que l'humanité, en l'acceptant, a reconnue pour la plus avancée. Il faudrait donc regarder cette tribu comme surpassant de beaucoup tous les autres peuples en intelligence et en vigueur de spéculation.

[1] Cf. Vatke, *Die biblische Theologie*, p. 668 et suiv.
[2] Gesenius, *Thes.* s. h. v. — F. P. Scholtz, *De origine nominis* יהוה (Vratislaviæ, 1857). — P. Bœtticher, *Rudimenta mythol. semit.* p. 1. — Schlottmann, *Das Buch Hiob*, p. 128-129.
[3] On ne la trouve qu'à partir de l'époque des prophètes.

Une telle conséquence est évidemment insoutenable. A part la supériorité de son culte, le peuple juif n'en a aucune autre ; c'est un des peuples les moins doués pour la science et la philosophie parmi les peuples de l'antiquité ; il n'a une grande position ni politique, ni militaire. Ses institutions sont purement conservatrices ; les prophètes, qui représentent excellemment son génie, sont des hommes essentiellement réactionnaires, se reportant toujours vers un idéal antérieur. Comment expliquer, au sein d'une société aussi étroite et aussi peu développée, une révolution d'idées qu'Athènes et Alexandrie n'ont pas réussi à accomplir ? Ajoutons qu'un abîme sépare le monothéisme sémitique du déisme philosophique. Le déisme n'a jamais réussi à fonder chez le peuple un culte durable ; principe excellent pour un petit nombre d'esprits cultivés, il a toujours été impuissant à remuer les masses et à produire dans le monde de grandes révolutions.

Dira-t-on que le monothéisme juif est l'œuvre personnelle de Moïse ? Mais un tel changement serait sans exemple dans l'histoire de l'esprit humain, et il faudrait expliquer où Moïse lui-même aurait puisé cette idée qui, évidemment, n'était pas chez lui le fruit de la réflexion philosophique. En Égypte, dira-t-on sans doute. Mais l'état de la religion égyptienne à cette époque reculée nous est trop inconnu pour qu'une telle assertion puisse offrir une sérieuse vraisemblance. Je suis prêt à me rendre à toute démonstration qui établirait que l'Égypte, douze ou quinze cents ans avant Jésus-Christ, avait une religion fort épurée ; car tout parti pris à priori doit être banni de la science. Mais j'avoue que je n'y suis pas incliné, et que les preuves qu'on a alléguées en faveur de cette opinion ne me paraissent pas suffisantes[1]. Le polythéisme et le symbolisme de l'Égypte me paraissent infiniment éloignés du monothéisme des Hébreux. Il ne s'agit point ici, d'ailleurs, de déterminer quelle était en elle-même et dans les écoles des prêtres la doctrine égyptienne, mais de savoir ce qu'elle parut aux Hébreux. Or les Hébreux, qui, en leur qualité de nomades fermés à toute idée du dehors, paraissent être restés à côté de la civilisation égyptienne sans la comprendre, nous présentent toujours la religion de l'Égypte comme le plus grossier polythéisme, et n'en parlent qu'avec un sentiment d'horreur (voir en particulier le psaume cxiv). Dira-t-on que c'est.là une de ces ingratitudes fréquentes aux époques où manque la critique, et qu'il n'est pas plus surprenant de voir l'auteur du psaume *In exitu* traiter les Égyptiens de barbares idolâtres, qu'il ne l'est de voir les chrétiens du moyen âge traiter d'impies et de mécréants les Juifs, auxquels ils devaient leur propre foi? Mais qu'opposera-t-on au témoignage du livre de l'Exode, qui nous reporte, sinon par sa rédaction définitive, du moins par plusieurs des documents qui sont entrés dans sa composition, à l'époque de la sortie de l'Égypte? Loin que le monothéisme nous y apparaisse comme un fruit du contact

---

[1] Mariette, *Mém. sur la mère d'Apis.* Paris, 1856, p. 24 et suiv.

des Israélites avec l'Égypte, c'est, à l'inverse, contre les souvenirs de l'Égypte que Moïse et ses adhérents ont à lutter durant le séjour du peuple dans le désert. Le peuple, fidèle imitateur des superstitions dont il avait été témoin, élève sans cesse des Apis, et ne sépare point l'idolâtrie du bien-être matériel relatif que la civilisation égyptienne lui avait procuré. Je suis donc porté à croire que la famille israélite arriva monothéiste en Égypte, et que, loin d'y épurer son culte, elle y contracta, tout au contraire, des souillures païennes, dont l'œuvre de ses libérateurs et de ses réformateurs consista à la délivrer.

On dira peut-être que toute l'histoire de l'époque patriarcale et même de l'époque mosaïque, qui nous présente les Beni Israël comme des monothéistes purs, a été retouchée à une époque de zèle pieux, où l'on s'efforçait de montrer au peuple, dans le passé, la racine des institutions qu'on voulait lui imposer. J'admets volontiers que des épurations de cette sorte se soient exercées en une certaine mesure, qu'on ait interprété d'une façon évhémériste plus d'un ancien mythe, qu'on ait adouci bien des traits qui pouvaient paraître scandaleux dans des personnages tels qu'Abraham, qu'on proposait à la vénération. Je pense également que plusieurs des prescriptions qu'on attribue à Moïse sont de l'époque de réforme dont il vient d'être question, et que le Pentateuque ne prit qu'alors la forme définitive où nous le voyons; mais je ne puis admettre que ces retouches aient été jusqu'à altérer la physionomie

des antiques récits. Observons, d'ailleurs, que la couleur dévote et puritaine qui caractérise le Deutéronome ne se remarque pas également dans les livres
précédents. On trouve dans ceux-ci plusieurs pas-
sages que les exégètes postérieurs se crurent obligés
d'atténuer par des explications, et qui n'échappèrent,
dans les récensions faites à l'époque des prophètes,
que parce que les parties historiques des anciens
livres n'avaient pas alors l'importance qu'elles ac-
quirent plus tard. En tout cas, il n'est guère admissible qu'une telle épuration se soit exercée sur les
noms propres : or, parmi les noms propres hébraïques
antérieurs à Moïse, il n'en est aucun qui implique un
polythéisme caractérisé, et plusieurs, au contraire,
impliquent le monothéisme. Tels sont *Israël, Ia-
muel, Uzziel, Elkana, Melchiel, Raguel, Jahlel* (יחלאל),
Jahsel (יחצאל), *Jokabed*, nom de la mère de Moïse,
le seul, je crois, antérieur à Moïse, où se trouve le
nom de Jéhovah. Tous les récits d'origines contenus
au livre de la Genèse, et qui furent fixés dans leur
forme actuelle à une époque fort reculée, sont aussi
essentiellement monothéistes. Les mythologies étrangères y sont déjà interprétées d'après le système
évhémériste que le christianisme et l'islamisme adop-
tèrent plus tard : Jubal, Tubalcaïn, Nemrod, Me-
thuselach, ressemblent fort à de vieilles divinités
transformées en patriarches, en rois et en inven-
teurs [1]. Or l'évhémérisme est le signe le plus certain
du monothéisme. Tout peuple qui s'attache à la

[1] J'ai développé ceci dans mon mémoire sur Sanchoniathon, in-

croyance en un Dieu unique perd le sens de la mythologie, et est entraîné à ne voir dans les personnages des vieilles fables que des hommes divinisés.

Mais si les Hébreux étaient monothéistes, au moins pour le fond des idées, à l'époque patriarcale, cela n'équivaut-il point à dire qu'ils l'étaient par les instincts les plus profonds de leur constitution intellectuelle? Ce n'est point dans une famille de pasteurs nomades, sous la tente du Bédouin, qu'on peut attendre un grand mouvement de réflexion et de philosophie. Ce genre de vie est le plus fermé au progrès, comme il est de tous le plus à l'abri de la décadence et de la corruption. Si le monothéisme avait été pour les Hébreux le fruit d'une marche lente de la raison arrivant peu à peu à une notion plus pure de la cause suprême, on trouverait chez eux, dès leur plus haute antiquité, une organisation d'écoles ou de prêtres, un commerce d'idées actif et fécond, il faut même le dire, bien plus actif et bien plus fécond que chez les peuples de l'antiquité qui nous sont le mieux connus, puisque les Hébreux seuls sont arrivés par leurs propres forces à la notion fondamentale que le genre humain a reçue d'eux. Or, je le répète, nous ne voyons rien de semblable. La Genèse nous représente les Beni Israël comme une tribu nomade, très-fière, très-aristocratique, très-attachée à ses traditions, mais étrangère à toute culture réfléchie et à tout mouvement d'idées. Le

séré dans le tome XXIII, 2ᵉ partie, des *Mémoires de l'Académie des inscriptions et belles-lettres.*

peuple hébreu, comme les peuples sémitiques en général, ignore complétement ces évolutions de systèmes, cet enfantement laborieux de la vérité par une série d'approximations successives, qui est l'esprit même de la philosophie et de la science telles que les peuples indo-européens les ont conçues.

On ne saurait prétendre, sans doute, que le monothéisme de ces époques reculées eût la sévère pureté qu'il atteignit chez les Hébreux bien plus tard, vers l'époque des prophètes et surtout de Josias. Au temps des Juges en particulier, Jéhovah n'était évidemment conçu que comme le dieu national d'Israël; mais c'était au moins le dieu unique de la tribu, et d'ailleurs on voit percer dès lors ce sentiment d'intolérance et de dédain qui devait faire déclarer plus tard que Jéhovah seul est dieu, et que les autres dieux ne sont que des images vaines. Beaucoup de superstitions empreintes de fétichisme, le culte des *Téraphim*, celui des *Bétyles*, ou pierres consacrées [1], celui des *Ephod* au temps des Juges [2], celui de la bonne fortune (*Gad*) [3], représentent cette part

---

[1] On peut voir les discussions auxquelles a donné lieu ce point obscur, résumées avec soin, mais discutées avec peu de critique dans l'opuscule de J. Grimmel, *De lapidum cultu apud patriarchas quæstio*. Marburgi Catt. 1853. Voir aussi le mémoire de Falconnet dans les anciens *Mémoires de l'Académie des inscript.* VI, 513 et suiv.

[2] Vatke, *Die bibl. Theol.* p. 267 et suiv. M. Vatke tire de ces différentes particularités des conséquences exagérées. Il y voit le fond même du culte hébraïque, tandis qu'il ne faut, ce semble, les envisager que comme des faits accessoires, bien qu'ils fussent très-fréquents.

[3] Selden, *De diis Syris*, Synt. I, cap. 1.

de scories plus ou moins grossières, dont le culte
d'un peuple sans sacerdoce organisé n'est jamais
exempt. Quelques récits, surtout dans l'histoire de
Jacob, conservent même des traces d'une certaine
fluctuation, et nous montrent l'idée de la divinité
suprême confinant parfois à celle de puissances mys-
térieuses et inconnues [1]. Dans les religions dont
l'essence, comme cela a lieu dans le judaïsme, est
plutôt négative que positive, en ce sens qu'on s'y
est proposé comme but principal d'éviter les pratiques superstitieuses, il y a toujours beaucoup de
différence d'individu à individu, très-peu d'hommes
étant capables de s'en tenir à une foi simple et abstraite. Le monothéisme rigoureux n'a certainement
été, chez les Israélites eux-mêmes, que le fait d'un
petit nombre. Il ne fut jamais bien pur dans les tribus du nord, où il y eut toujours des *Ephod* et des
Téraphim, consacrés par le respect universel [2], et
où, depuis le schisme, des cultes idolâtriques furent
régulièrement établis. Mais ce n'est pas là une objection contre notre thèse. C'est par l'aristocratie
qu'il faut juger du caractère d'une race. Quand on dit
que le génie fut le partage de la race grecque pour
tout ce qui tient aux ouvrages de l'esprit, cela veut-il
dire que, parmi les contemporains de Socrate, il n'y
eût une immense majorité d'hommes médiocres et
de sots? Non, certes. Cela signifie que, comme résultat définitif, la Grèce représente la plus grande

---

[1] *Gen.* XVII, XXXI, XXXII, XXXV.
[2] *Juges,* VIII, 27; XVII-XVIII. — *Osée,* III, 4.

éclosion de génie qu'on trouve dans l'histoire de l'esprit humain. Pour expliquer Socrate, Aristote, Platon, et tant d'autres hommes supérieurs, nous sommes obligés de supposer, chez la race qui les a produits, un don particulier pour la création philosophique et artistique. De même, pour expliquer des caractères tels que celui de Moïse, d'Élie, de Jérémie et des prophètes en général, pour expliquer des ouvrages comme la Thora, le poëme de Job, les Psaumes, il faut supposer, chez le petit peuple qui nous les offre, une aptitude spéciale qui, durant sa longue existence, l'a toujours porté à revenir sur la même idée religieuse avec un degré inouï de ténacité.

J'admets donc que, depuis une antiquité qui dépasse tout souvenir, le peuple hébreu posséda les instincts essentiels qui constituent le monothéisme. Avec quelque défiance qu'il faille accueillir les vues à priori en histoire, il est certain que, dans la question présente, elles sont en parfait accord avec les faits. On ne saurait citer un seul exemple de peuple qui se soit converti spontanément au monothéisme. Les religions primitivement polythéistes, quelles que soient les révolutions qu'elles subissent, conservent toujours la marque de leur origine, et n'arrivent jamais à exclure entièrement les complications qui entourèrent leur berceau. Le zoroastrisme, qui est de toutes les religions païennes celle qui s'est le plus rapprochée du déisme, en est encore fort éloignée, et n'a jamais su se détacher entièrement du culte de la nature. Tous les peuples non sémitiques qui sont arrivés au monothéisme ont eu, à un certain moment, une brusque rupture à accomplir avec leur passé.

II. Le même raisonnement nous amène à croire que les Hébreux, si semblables par toute leur constitution intellectuelle et morale aux autres Sémites nomades, ne furent pas les seuls dans l'antiquité à croire au Dieu unique. En effet, dès qu'on admet que le monothéisme ne fut chez eux ni un emprunt fait à l'Égypte, ni la conséquence d'un grand mouvement philosophique, il faut y voir le résultat d'une certaine disposition de race. Toute idée de supériorité et d'infériorité doit être ici écartée. Le point de vue sémitique n'est pas le fruit d'une constitution intellectuelle supérieure : elle est le fruit d'une constitution *sui generis*, qui avait ses avantages et ses inconvénients, mais qui, en tout cas, ne peut avoir été l'apanage exclusif d'une tribu isolée. Cela seul est propre à une peuplade ou à une tribu qui est son œuvre réfléchie et voulue; or nous venons de voir que le monothéisme n'eut point chez les Hébreux le caractère d'une découverte et d'un progrès scientifiquement accompli.

Le peu que nous savons des tribus voisines de la Palestine, liées aux Hébreux par une étroite parenté, quoique séparées d'eux par ces conflits de jalousie si ordinaires entre les tribus nomades, confirme ce résultat. Toute la famille de peuples rattachée dans la Genèse à Tharé (Édomites, Ismaélites, Ammonites, Moabites, Thémanites, etc.), famille essentiellement

distincte des Chananéens, paraît avoir pratiqué, à un
degré de pureté fort inégal sans doute, et avec diverses alternatives de réforme et de dégradation, le
culte du Dieu très-haut. A une époque relativement moderne, les Hébreux se firent, il est vrai, un
système historique d'après lequel, avant la vocation
d'Abraham, la race de Tharé avait dû être idolâtre [1].
Mais rien de semblable ne se lit dans les documents
bien plus anciens de la Genèse [2]; toute l'histoire
des patriarches, telle qu'elle y est racontée, suppose
même le contraire, puisqu'il n'y est fait mention
d'aucune différence sous le rapport religieux entre
la descendance d'Abraham et les tribus collatérales
issues comme lui de Tharé, non plus qu'entre les
Israélites et les tribus qu'on suppose sorties d'une
branche bâtarde ou cadette de la famille d'Abraham.
Plusieurs des noms propres qui figurent dans les généalogies de ces tribus impliquent le monothéisme;
par exemple : *Bathuel, Ismaël, Adbel, Eliphaz, Raguel,
Magdeel, Baalhanan, Mehetabel* (מהיטבאל) : quelques-
uns de ces noms se retrouvent identiquement chez
les Hébreux.

On est donc autorisé à supposer que les Israélites
ne furent qu'une branche d'une famille de peuples
plus étendue, dont le culte était au fond peu différent du leur. Abraham trouve dans le pays de Cha-

---

[1] *Josué*, XXIV, 2, 14. Les deux discours contenus dans les chapitres XXIII et XXIV du livre de Josué sont certainement modernes
et conçus dans la manière du Deutéronome. (Cf. *Judith*, v, 7 et suiv.)
Josèphe et les rabbins suivent la même tradition.

[2] Voir surtout *Gen.* XII.

naan un certain Melchisedech, resté célèbre dans
les souvenirs de la nation, et qui était *prêtre du Dieu
très-haut* (כהן לאל עליון, *Gen.* xiv, 18-20; *Ps.* cx, 4),
et auquel Abraham paye la dîme en cette qualité. L'é-
pisode de Balaam (*Nombres*, xxii-xxiv), qui correspond
à une circonstance incontestablement historique,
nous montre, chez les peuples sémitiques contemporains de Moïse, un prophète fort analogue à ceux
d'Israël, qui parle au nom de Jéhovah, quoique
adonné lui-même au culte de Baal-Peor[1]. Il est vrai
que, dès l'époque de l'entrée des Israélites dans la
terre de Chanaan, les autres Térachites nous paraissent en général adonnés aux religions chananéennes
de Milkom, de Baal-Peor, de Chamos. Mais cela s'explique d'une manière fort naturelle. Seuls, parmi les
peuples rattachés à Tharé, les Israélites arrivèrent à
se constituer un système de précautions suffisant
pour maintenir victorieusement leur culte patriarcal. Il arriva pour les autres Térachites ce qui serait
arrivé cent fois pour les Israélites, si l'aristocratie intellectuelle de la nation, fortement attachée au monothéisme et hostile aux images sculptées, n'eût organisé autour du peuple une garde sévère pour le
préserver de tout contact avec l'étranger. Il ne semble
pas d'ailleurs que la perversion des tribus dont nous
parlons ait jamais été complète : à l'époque des rois
de Juda, et peu avant la captivité, toute trace de l'af-
finité religieuse des Israélites et des tribus non chananéennes voisines de la Palestine n'avait point en-

---

[1] Comparez *Nombres*, xxii, 18, et xxxi, 16.

core disparu. Ces tribus furent, à diverses reprises
depuis David, annexées au royaume de Juda, et l'on
ne voit pas qu'une seule fois les Juifs de cette époque
aient fait effort pour les convertir, tandis que, bien
plus tard, à la suite de la conquête de Jean Hyrcan,
les Iduméens furent de force circoncis.

En général les tribus de Sémites nomades paraissent avoir pratiqué en religion une sorte d'éclectisme : les cultes les plus divers coexistaient parmi
eux. C'est ainsi que dans l'ancienne Arabie on trouve
presque tous les cultes pratiqués par les indigènes,
et cela sans préjudice, comme nous essayerons de le
démontrer bientôt, d'un fond toujours persistant de
monothéisme patriarcal. La légende de Ruth, dont
la rédaction est ancienne, nous montre une entière
tolérance réciproque entre le culte de Moab et celui
d'Israël[1]. L'auteur ne croit pas abaisser la maison de
David en la rattachant à un mariage entre un Israélite et une femme moabite : on sait que ces sortes
de mariages furent plus tard regardés comme des
abominations[2]. A l'époque de Salomon, tous les
pays situés au sud et à l'est de la Judée paraissent
en parfaite conformité intellectuelle avec Israël : la
poésie parabolique, dont nous possédons des types
accomplis dans les livres des Proverbes et de Job,
et même en quelques Psaumes, est essentiellement
monothéiste. Or cette poésie ne fut pas exclusivement
propre aux Hébreux ; tous les peuples voisins y par-

---

[1] Voir, en particulier, I, 16.
[2] *Esdr.* IX, 1 et suiv. — *Néhem.* XIII, 1 et suiv. 23 et suiv.

ticipaient[1]. Plusieurs tribus, comme celle des Thémanites, étaient renommées pour leurs sages, et l'auteur du premier livre des Rois ne croit pouvoir
mieux faire pour relever la sagesse de Salomon que
de le comparer aux sages de ces tribus (I *Reg.* v, 9).
Il est probable que les livres paraboliques des Hébreux renferment plus d'un morceau provenant de
la sagesse thémanite[2], et de bons interprètes voient
un prince arabe dans ce *roi Lemuel*, sous le nom du-
quel nous avons un petit poëme gnomique (*Prov.*
xxxi). Le livre de Job, certainement antérieur à
la captivité, nous montre toujours les peuples voisins de la Palestine, chez lesquels la scène se passe,
comme de purs monothéistes : un Arabe y porte le
nom monothéiste de *Barakel*. On dira peut-être que
le contenu de ce livre n'est pas historique et que
l'auteur ne s'est pas astreint à observer la couleur
locale. Sans doute; mais l'idée de choisir les héros du
poëme monothéiste par excellence chez des peuples
voués à un grossier polythéisme aurait-elle pu venir?
Jamais les Juifs font-ils appel à la sagesse chananéenne? Conçoit-on la scène d'un poëme comme
celui de Job placée à Tyr ou à Sidon? J'en conclus
que la sagesse parabolique des tribus térachites resta,
en général, monothéiste, même quand la masse
populaire de ces tribus eut passé à des cultes fort
différents de ceux des temps patriarcaux, cultes d'au-

---

[1] Cf. Hitzig, *Die Sprüche Salomo's* (Zürich, 1858), p. vii et suiv.
[2] J'ai développé ceci dans l'introduction de ma traduction du
Livre de Job (Paris, 1859).

tant plus insignifiants que peut-être le peuple qui les adoptait ne les comprenait pas bien. Que serait devenue la religion d'Israël si Moïse et Aaron eussent succombé dans les luttes de leur apostolat, et que les idées religieuses de la tribu qu'ils avaient tirée de l'Égypte se fussent bornées à un souvenir du culte d'Apis, réduit à la grossière image d'un veau d'or?

La thèse que nous venons d'établir pour les tribus térachites voisines de la Palestine, on peut la soutenir pour les anciens Arabes rattachés, eux aussi, à Abraham par Ismaël. Le nom d'*Ismaël* est monothéiste, ainsi que celui d'*Adbel* (אדבאל), qui figure dans la plus ancienne généalogie des tribus arabes (*Gen.* xxv, 13). Les Beni Kedem ou Saracènes, occupant l'Auranitide et la province d'Arabie, sont rattachés, dans le livre de Job (1, 3, etc.), aux nations patriarcales, et connaissant la sagesse. L'immense lacune qui s'ouvre dans l'histoire de l'Arabie depuis les temps bibliques jusqu'à l'époque qui précède immédiatement l'islamisme nous dérobe, il est vrai, durant des siècles la connaissance de son état religieux. Néanmoins les notions éparses que nous fournissent les écrivains grecs et les inscriptions nous amènent à croire que la religion des Arabes différait peu de la religion patriarcale. Le nom d'Ὀροτάλ, donné par Hérodote (III, 8) comme celui du Bacchus de l'Arabie, est regardé assez généralement depuis Pococke comme l'équivalent de الله تعالى = le Dieu suprême[1]. Cela n'est guère admissible, puisque

---

[1] Pococke, *Specimen hist. Arab.* p. 110-111 (édit. White). — Caus-

le mot الاللهات étant rendu par Ἀλιλάτ, comme nous le verrons bientôt, *Allah taâla* devrait être rendu par Ἀλιλαταλ. Je préfère, surtout en tenant compte de la variante Ὁροτυλάτ, voir en ce mot un composé dans le genre de اورة الله ou اورة الهات[1]. Mais, dans les deux hypothèses, le sens du mot est monothéiste. Le nom d'Ἀλιλάτ donné également par Hérodote comme synonyme de Οὐρανίη[2], et qui se retrouve dans les inscriptions himyarites sous la forme אלהת, semble, il est vrai, au premier coup d'œil, signifier *déesse;* mais tous ceux qui se sont occupés des inscriptions himyarites, MM. Fresnel, Rœdiger, Osiander, sont d'accord pour y voir plutôt un féminin abstrait désignant *Dieu* ou la *divinité :* en effet, on le trouve construit avec le masculin singulier (ירחם אלהת)[3]. L'arabe الله fait aussi au pluriel الهة. Il est possible que le nom de la déesse Lât (اللات), qui ne paraît jamais sans article, doive être rapporté à la même étymologie[4]. Peut-être aussi le nom d'Οὐρανίη, par lequel Hérodote traduit Ἀλιλάτ, renferme-t-il une allusion à l'idée de divinité suprême contenue dans ce dernier mot. M. Caussin de Perceval,

---

sin de Perceval, *Essai sur l'histoire des Arabes avant l'islamisme,* I, 174.

[1] Movers, *Die Phœnizier,* I, 337.

[2] C'est à tort qu'on a identifié Ἀλιλάτ = Οὐρανίη (Hérod. III, 8) avec Ἀλιττα = Μύλιττα (Hérod. I, 131). Ἀλιττα se rattache, je crois, à la racine ילל, comme Μύλιττα. Λουήδ (l. Οὐλήδ) = Ἀφροδίτη dans saint Épiphane, *Adv. hær.* I, p. 34, édit. Petau.

[3] *Zeitschrift der deutschen morgenländischen Gesellschaft,* 1856, p. 60-61.

[4] Pococke, *op. cit.* p. 92.

qui a étudié si profondément l'Arabie anté-islamique,
croit qu'à côté et au-dessus des divinités particulières que chaque tribu adorait, il y avait une divinité
supérieure, *Allah*, auprès de laquelle toutes les autres
divinités n'étaient que des anges ou des personnages
d'une cour céleste (بنات الله, analogues aux בני-אלהים
des Hébreux)[1]. Le culte d'*Allah-taâla* paraît avoir été
pratiqué dans l'Yémen[2]. La *Caaba* enfin, malgré les
pratiques idolâtriques qui la souillèrent lorsqu'elle
devint le panthéon des Arabes, fut d'abord, selon
toutes les vraisemblances, le centre d'un culte monothéiste : peut-être même eut-elle son prototype
dans une tente carrée et transportable, comme le tabernacle des Hébreux[3]. Elle s'appela toujours بيت
الله « la maison de Dieu », « les idoles, ajoute M. Caussin, d'après les auteurs arabes, n'étant considérées
que comme des dieux subalternes, des intercesseurs
auprès d'*Allah*[4]. » Mahomet, en effet (on ne l'a point
assez remarqué), ne prêche jamais *Allah* comme
une nouveauté; tout son effort se borne à détrôner
les anges, les *djinn*, les fils et les filles qu'on lui as-
sociait[5].

---

[1] Caussin, *Essai sur l'Hist. des Ar.* I, p. 197, 198, 269, 270,
348.

[2] *Id. ibid.* I, p. 113.

[3] Bergmann, *De religione Arabum anteislamica* (Strasbourg, 1834,
p. 17 et suiv.). — Cf. A. Sprenger, *The Life of Mohammad*, p. 51 et
suiv. (Allahabad, 1851).

[4] *Op. cit.* I, p. 270. — Comp. Coran, VI, 40-43, 137; X, 13; XVI,
55, 58; XXIII, 86-91; XXIX, 63; XXXI, 24, 31; XXXIX, 39; XLIII, 8.

[5] Pour saisir cette nuance importante, lire surtout les surates
XXXVII, XLIII, LII, LIII.

Je n'insisterai pas sur le témoignage des auteurs
arabes, qui tous affirment que le culte primitif de
l'Arabie fut le monothéisme pur; car c'est évidemment
là une conséquence du système adopté par Mahomet
et de la prétention d'après laquelle l'islamisme ne
serait qu'un retour à la religion d'Abraham : néanmoins il n'est pas impossible qu'il se cache sous les
traditions dont nous parlons un certain sentiment
d'une vérité historique. Les hypothèses par lesquelles
les écrivains arabes expliquent comment le monothéisme patriarcal se changea en polythéisme sont in-
génieuses et fort rapprochées de celles que la science
critique est amenée à se former. Plusieurs historiens
musulmans s'accordent à placer la fin de la religion
patriarcale et le commencement de l'idolâtrie chez les
Arabes à la fin de la dynastie des seconds Djorhom,
vers l'an 200 de notre ère[1]. Les inscriptions, comme
nous le verrons bientôt, confirment ce résultat d'une
manière remarquable. Il est vrai que M. Caussin
de Perceval reconnaît parmi les noms des seconds
Djorhom deux noms idolâtriques, qui seraient à peu
près contemporains de l'ère chrétienne; mais cela
n'a rien de surprenant, quand on songe au penchant
qui entraînait les Sémites nomades non liés par des
institutions religieuses conservatrices à adopter les
cultes étrangers, le leur étant trop simple pour ré-
sister à la perpétuelle séduction que les religions com-
pliquées ont coutume d'exercer autour d'elles. On
retrouve dans la même dynastie le nom chrétien

---

[1] Caussin, I, p. 197 et suiv.

d'*Abdelmâsih* « serviteur du Christ »: ce qui prouve, non que le royaume de ce souverain professait tout entier le christianisme, mais que le Christ était une des divinités révérées dans l'Hedjaz. En effet, on prétend qu'une image de Jésus et de Marie fut trouvée, à l'époque de Mahomet, parmi les idoles de la Caaba.

Si nous interrogeons les noms propres, témoins si sûrs de la langue et de la religion d'un peuple, nous serons frappés de la confirmation qu'ils fournissent aux vues précédentes. Ces noms, en ce qui concerne les anciens Arabes, nous ont été conservés, soit par les auteurs arabes, soit par les auteurs grecs, soit par les inscriptions grecques et les papyrus, soit par les inscriptions himyarites, soit par celles du Sinaï, soit par les médailles. En réunissant les lumières qui proviennent de ces diverses sources, on peut fournir une série de noms arabes appartenant tous aux premiers siècles de notre ère ou même antérieurs à notre ère, et supposant un monothéisme assez pur [1].

Avant de les énumérer, je dois prévenir une objection qui frapperait de débilité les raisonnements tirés de l'une des sources précitées, je veux parler des inscriptions sinaïtiques. Plusieurs de ces inscriptions

---

[1] J'ai déjà insisté sur ce point dans un mémoire *Sur quelques noms arabes qui figurent dans des inscriptions grecques de l'Auranitide*, inséré dans le *Bulletin archéol. franç.* de MM. de Longpérier et de Witte, septembre 1856. Je renvoie une fois pour toutes à ce mémoire, où l'on trouvera des détails qu'il serait long de répéter ici.

proviennent, en effet, de mains chrétiennes [1]; mais il suffit, pour l'usage que nous voulons en faire, que le monothéisme impliqué dans les noms propres qui y figurent ne tienne pas au christianisme. Or ce point ne saurait être douteux. En effet, 1° les noms qui se rencontrent dans les inscriptions du Sinaï se retrouvent pour la plupart dans les inscriptions grecques de l'Auranitide et chez les auteurs grecs et arabes, sans qu'il soit possible de supposer qu'ils sont là portés par des chrétiens; 2° ce n'est pas parce qu'ils étaient chrétiens, mais bien quoiqu'ils fussent chrétiens, que certains individus ont pu s'appeler *Abdalbal, Garmalbal*, etc. le nom de *Baal* pour « le Seigneur » ayant toujours été odieux aux juifs et aux chrétiens. C'étaient donc là des noms indigènes, que les chrétiens conservaient avec d'autant moins de répugnance qu'ils pouvaient très-bien s'entendre dans le sens de leurs croyances sur la divinité.

Voici maintenant les noms arabes sur lesquels je

[1] Voir dans le dernier numéro de ce Journal le travail de M. F. Lenormant. Tout en admettant qu'un grand nombre des inscriptions sinaïtiques sont de provenance chrétienne, je ne puis accepter ce raisonnement de M. Lenormant (p. 18) : « Si quelques-unes de ces inscriptions sont chrétiennes, toutes le sont. » Et d'abord il en est plusieurs en coufique et en neskhi (Lepsius, nᵒˢ 90, 123, 155, 167; Lottin de Laval, pl. 62, 64, trois fois), dont une commençant par la formule musulmane *bismillah* (Leps. n° 167). En outre plusieurs des signes que M. Lenormant regarde comme des indices de christianisme me semblent peu décisifs. Certaines formules épigraphiques, telles que שלם, דכיר, pouvaient être, par leur extrême simplicité, communes aux chrétiens et aux païens. Je pense pour ma part que les Nabatéens païens, les juifs et les chrétiens ont fait des pèlerinages au Sinaï dans des buts différents, et ont écrit leurs noms

crois devoir appeler l'attention des philologues et des historiens.

Μυρούλλας, nom donné comme celui d'un Arabe dans un papyrus grec du Louvre (n° 48) du temps des Ptolémées. Je dois la connaissance de ce papyrus à M. Egger; ούλλας représente الله, lié avec la voyelle finale du mot précédent.

Σαμαράλλας, nom arabe du 1er siècle avant notre ère, conservé par Josèphe (*Antiq*. XIV, XIII, 5), analogue au שמריה des Hébreux, à l'אסרשמר (Σεραπίων) des Phéniciens. Le nom himyarite شمر يرعش[1], que les Arabes expliquent d'une manière puérile, est peut-être composé du même verbe et d'un mot inconnu.

Aus. La forme pleine de ce nom, très-commun dans l'Arabie anté-islamique, était certainement *Aus-Allah* (*donum Dei*). On trouve, en effet, dans les inscriptions du Sinaï אושו, אוש אלהי et le diminutif אוישו[2]. Les inscriptions grecques n'ont fourni jusqu'ici avec certitude que la forme Αὖσος. Les inscriptions himyarites donnent la forme אושאל (*Ausiel*)[3], et les inscriptions sinaïtiques la forme אושלבעלי (*Au-salbal*)[4], pour אוש אלבעלי « don du Seigneur ». On

dans la vallée qui y conduit. D'autres même, comme celui qui a écrit, *Cessent Syri ante Latinos Romanos*, y ont été probablement sans but religieux.

[1] Ibn-Khaldoun, Suppl. ar. 742[4], tom. II, fol. 23, v. — Cf. Caussin de Perceval, *Essai*, I, p. 80.

[2] Tuch, dans la *Zeitschrift der deutschen morgenländischen Gesellschaft*, 1849, p. 137, 140, 141, 162, 175-177, 186, 197, 201, 204.

[3] Osiander, dans la *Zeitschrift der deutschen morgenländischen Gesellschaft*, 1856, p. 52, 53, 73.

[4] Tuch, p. 139, 153, 177.

sait que dans les inscriptions sinaïtiques les voyelles casuelles sont écrites par des lettres quiescentes.

Zabd, Zobeid. Les formes pleines seraient *Zabd-Allah* et *Zobeyd-Allah* « donum Dei », parallèles aux *Zabdiel, Zebadia, Iozabad, Elzabad, Zabad, Zaboud* des Hébreux. Aucun nom arabe n'est plus fréquent dans les inscriptions grecques, soit sous sa forme pleine, soit sous sa forme défective : Ζεϐειδας, Ζάϐδας, Ζάϐδος, Ζάϐιδος, Ζαϐδίλας, Ζαϐδηλός. Il fut grécisé en Ζηνόϐιος[1]. Polybe (V, LXXIX, 8) mentionne également un général arabe du nom de Ζαϐδίϐηλος.

Zabel. Nom conservé par Josèphe (*Antiq.* XIII, IV, 8) sous la forme Ζάϐηλος, comme celui d'un émir arabe, et par les médailles sous la forme רבאל[2], comme celui d'un roi arabe. M. de Luynes y voit une contraction de *Zabdiel.* On trouve, en effet, un général de Zénobie nommé *Zaba*[3], et le nom même de Ζηνοϐία est devenue chez les Arabes *Zebbâ*[4].

Saad, Soaid. Inscriptions sinaïtiques : שעד אלהי (Tuch, p. 140, 160; Blau[5], p. 234) = سعد الله « beneficium Dei »; שעד אלבעלי (Tuch, 153, 209) « don du Seigneur »; Σόεδος (Bœckh, 4576, 4642). On pourrait aussi rattacher cette dernière forme à سُوَيْد[6].

Honein. Ce nom se retrouve dans un grand

---

[1] *Bull. archéol. de l'Ath. franç.* avril 1855, p. 37 et suiv. 379 et suiv.
[2] De Luynes, *Revue numismatique*, 1858, p. 297 et suiv.
[3] Vopiscus, apud *Script. hist. Aug.* p. 217 (edit. Salmasii).
[4] Caussin, *Essai*, II, 198, 199.
[5] Dans le *Zeitschrift der deutschen morgenländ. Gesellsch.* 1855.
[6] Meidani, *Prov.* VI.

nombre d'inscriptions grecques sous la forme Ὄναι-
νος. C'est le diminutif de *Hanan*, qui ne se rencontre
qu'en hébreu. Ce nom suppose également après lui
le nom du Dieu unique, ainsi que cela a lieu dans
les noms hébreux *Hananel*, *Hanania*, *Hanniel*, et dans
le nom carthaginois *Hannibaal*. *Iohanan* et le nom
édomite *Baalhanan* offrent la combinaison inverse.

Ἄννηλος. Ce nom, conservé dans une inscription
grecque (Bœckh, 4620), paraît offrir la forme pleine
du précédent; comparez la relation de Ζαϐδίλας ou
Ζάϐδηλος avec Ζάϐδος.

Οὐάδδηλος (Bœckh, 4608). C'est peut-être وحد
الله = «Deus unicus (est)».

Ὀσαίελος (Bœckh, n° 4612) paraît aussi renfermer le nom de la divinité.

Teim, par abréviation pour *Teim-Allah*. Ce nom,
qui signifie *serviteur* (*de Dieu*), est très-fréquent
avant l'islamisme[1]. On le trouve dans les inscriptions grecques sous la forme Θάϊμος, deux fois sous
la forme complète Θέμαλλος (Bœckh, n°ˢ 4636,
4637), et dans les inscriptions du Sinaï sous la forme
תים־אלהי (Tuch, p. 140). M. V. Langlois conjecture
avec beaucoup de finesse que le nom de Τιμόλαος,
porté par un souverain arabe à Palmyre, devait cor-
repondre à *Teim-Allah*.

Οὐαϐάλλαθος. Nom très-commun à Palmyre sous
la dynastie arabe des Odheyna. C'est indubitable-
ment وهب الله «donum Dei[2]».

---

[1] Caussin, III, p. 598.
[2] L'explication de M. Ch. Lenormant (*Revue num.* 1846, p. 275),

Σαλμάλαθος (Bœckh, 4486) = سلم الله. Le *hé* final de *Allah* a été changé en *thav* pour supporter la terminaison, comme cela a eu lieu dans Οὐαβάλλαθος, Μαλίχαθος (Bœckh, 4590). Peut-être faut-il rapprocher de ce nom le diminutif écourté *Soleym* = Σόλεμος (Bœckh, 4635).

Abdallah. Ce nom figure dans les inscriptions sous la forme écourtée Αὔδος; on le trouve sous la forme pleine עבד-אלהי dans les inscriptions sinaïtiques (Tuch, p. 141, 143, 144). Le nom de Θεόδουλος semble parfois en être la traduction [1]. Le nom d'*Abdallah* est porté par plusieurs personnages historiques antérieurs à Mahomet[2]. La forme diminutive et écourtée *Obeid* se trouve dans Bœckh, n° 4630, dans les inscription du Sinaï (Tuch, p. 137, 143), et dans le nom *Obedas* ou *Obodas* des rois nabatéens (de Luynes, p. 305-306). La forme עבד אלבעלי (*Abdalbal*) se trouve souvent dans les inscriptions sinaïtiques (Tuch, p. 132 note, 139, 140, 153, 177, 186, 211).

d'après laquelle le nom de *Waballat* renfermerait le mot *Baalath*, féminin de *Baal*, me semble inadmissible. Le nom grec correspondant à *Waballath* n'est pas *Athénodore*, comme le suppose le savant numismate; *Athénodore* correspond à *Odénath*, et d'ailleurs ce nom figure sur les monnaies comme désignant le fils de Waballath, et non comme synonyme de Waballath. (Longpérier, notes aux *Lettres du baron Marchant*, p. 435.) En second lieu, *Baalat* ou *Baalthi* ne correspond pas à Athéné, mais bien à Vénus. En troisième lieu, la réduplication du λ ne se justifierait pas. Enfin l'explication des trois premières lettres du mot par אוא, *eligere*, est contraire à la grammaire et ne peut s'appuyer sur aucune analogie.

[1] Le Quien, *Oriens christ.* III, p. 737.

[2] Voir les tableaux et l'index de l'*Essai* de M. Caussin de Perceval.

Je n'insisterai pas sur le nom d'*Abd-errahman* ni sur quelques autres noms purement musulmans qu'on trouve dans les généalogies avant Mahomet. Ces noms ont peut-être subi quelque modification, comme cela arriva aux noms de *Teym-allât* et de *Aus-Monât*, d'où l'on chercha systématiquement à faire disparaître le nom des fausses divinités.

Garmallah et *Garmalbal.* גרם אלהי et son diminutif גרימן se trouvent souvent dans les inscriptions sinaïtiques (Tuch, p. 137, 140, 202, 204). On y trouve également גרם אלבעלי (Tuch, p. 137, 139, 153, 178 note, 208, 210; Blau, p. 231); Γαρμαλϐάλ (Lepsius[1], n° 134.) Le mot גרם avait dans l'arabe de l'époque de notre ère le sens de serviteur ou d'adorateur. Comparez Σαμψιγέραμος = مهرعسمس « cultor solis[2] »; Γαρμαθώνη[3].

Les noms himyarites nous amènent aux mêmes conclusions que les précédents, mais avec cette particularité que le nom de Dieu qui figure dans ces noms n'est plus *Allah*, mais *El* comme chez les Hébreux.

Χαριϐαηλ. Nom himyarite conservé dans le Périple de la mer Érythrée attribué à Arrien, et appartenant par conséquent au 1er siècle de notre ère[4]. On le retrouve fréquemment dans les inscriptions

---

[1] *Denkmäler aus Ægypten und Æthiopien*, pl. XIX.

[2] Cureton, *Spic. syr.* p. 77.

[3] C. Müller, *Fragm. hist. gr.* III, p. 502. — Cf. *Mém. de l'Acad. des Inscript.* t. XXIII, 2e part. p. 334.

[4] *Geogr. Gr. Min.* I, p. 274 (édit. C. Müller).

himyarites sous la forme כרבאל. M. Osiander l'a bien expliqué [1].

Ἐλέαζος. Nom himyarite de la même provenance et de la même époque que le précédent [2]. M. C. Müller propose, sans motifs suffisants, de l'identifier avec le nom d'*Elisar* ou *Ilisar* (*Dhil-Azhar? Eleazar ?*), que Strabon et Ptolémée placent dans la même région comme nom de chef et nom de tribu, selon l'usage arabe.

ידעאל. Nom himyarite (Osiander, p. 52, 55), purement hébreu et quant à la forme et quant à l'idée. Comparez ידעיה, ידיעאל, יוידע, אלידע. C'est le *Yedaïl* (écrit à tort *Bedaïl*) des historiens arabes [3].

יקמאל. Nom himyarite (Osiander, p. 52, 55), purement hébreu. Comparez יקמיה, אליקים, יויקים.

שרחאל ou شراحيـل et אלשרח ou البشرح. Voir sur ce nom les explications de M. Osiander (p. 51, 52). Le nom de *Schourahbil*, fréquent dans toute l'ancienne Arabie, et qui se retrouve dans les inscriptions himyarites (Osiander, 51, 54), y correspond, comme ailleurs *Garmalbal* à *Garmallah*. *Bil*, en effet, semble représenter ici *Baal*, comme dans le nom d'*Attambile*, porté par plusieurs souverains de la Mésène [4].

---

[1] *Zeitschrift der deutschen morgenländischen Gesellschaft,* 1856, p. 54-55, 59, 69.

[2] C. Müller, *ibid.* p. 277.

[3] Caussin, I, 137.

[4] Voy. Quatremère, *Journal des Savants,* octobre 1857, p. 623. Je ne puis omettre de mentionner ici, sans oser cependant l'adopter, une conjecture de M. V. Langlois, qui voit dans le nom d'*Attambile* la forme عظام بالله, analogue aux surnoms que portèrent tant de souverains musulmans.

Le nom d'Annibal est de même rendu en arabe par *Anbíl*[1].

בנאל (Osiander, p. 53-54) « filius Dei », analogue de *Benhadad, Diogenes*, etc.

Φασαήλ. Nom iduméen porté par plusieurs membres de la famille d'Hérode. Ce nom me paraît de la même catégorie que ceux qui précèdent[2].

Ναταναελος. J'insisterai moins sur ce nom, conservé dans l'une des inscriptions de l'Auranitide (n° 6), parce qu'il est plutôt juif qu'arabe : il paraît cependant avoir été porté par un Arabe.

Cette liste s'allongerait encore, si aux noms précédénts on ajoutait, selon une conjecture de M. Osiander (p. 56), quelques noms où עלי semble correspondre à עליון « le Très-Haut ». D'autres composants des noms himyarites, כרב, דמר, אמר, שמה, dont on ne se rend pas encore un compte bien rigoureux, et le nom de אלמקה, très-fréquent dans les inscriptions de Mareb[3], semblent aussi se rattacher à des combinaisons où le monothéisme est impliqué.

J'en dirai autant du nom palmyrien Ἀαιλάμεις, quoique l'interprétation en soit incertaine. Ce nom paraît correspondre à Ζηνόβιος et renfermer une

---

[1] Al-Bekri, *Journal asiatique,* décembre 1858, p. 518 et suiv.

[2] Comparez Assemani, *Bibl. orient.* I, 419.

[3] L'hypothèse de M. Fresnel (*Journ. asiatique,* septembre-octobre 1845, p. 202 et suiv. 235 et suiv.) et de M. Osiander (*Z. der d. m. G.* 1856, p. 62 et suiv.), d'après laquelle ce nom serait celui de la prétendue reine *Belkis,* tombe devant ce fait que le nom de *Belkis* est une altération de celui de Νίκαυλις (Sacy, *Chrestomat. arabe,* III, p. 530).

notion monothéiste[1]. La leçon Ἀαιλάμεις, que M. de Vogué a voulu changer en Ἀλιλάμεις, est certainement la bonne, comme le prouve une inscription bilingue, où à cette transcription grecque correspond la forme sémitique ‫אעילם‬ [2].

N'est-ce pas un fait bien remarquable que de retrouver ainsi dans l'ancienne Arabie des noms semblables à ceux dont on attribue d'ordinaire l'introduction à l'islamisme, et chez les Himyarites, des noms qu'on prendrait au premier coup d'œil pour des noms juifs? N'est-on pas en droit d'en conclure que le culte du Dieu suprême, *Ilah*, *Al-Bal*, *El*, formait le fond du culte de l'Arabie avant l'islamisme? On dira peut-être que de tels mots, quoique signifiant simplement « Dieu », étaient devenus dans l'esprit des Arabes des noms de divinités particulières, comme cela avait lieu pour les noms d'*El* et de *Baal* chez les Phéniciens et les Syriens. Mais, outre que cela établirait notre thèse à un point de vue plus général, ainsi que nous le démontrerons bientôt, on ne saurait, selon moi, admettre une pareille explication. En effet l'emploi de ces mots dans les noms propres que nous avons cités suppose une acception κατ' ἐξόχην. L'article d'*Al-Bal* en fait l'exact correspondant d'*Allah*. De plus, la suppression régulière du second mot dans les noms tels que *Zabd, Aus, Teim*,

---

[1] Cf. M. de Vogué, dans le *Bulletin archéologique de l'Athenæum français*, 1855, p. 38. — A. Levy, dans le *Zeitschrift der deutschen morgenländischen Gesellschaft*, 1858, p. 213, note.

[2] Bœckh, *Corpus*, n° 4503. — Kopp, *Bilder und Schriften*, II, 251 et suiv. Les lettres qui suivent sont fort douteuses.

Honein, etc. suppose évidemment que ce second mot
était le nom du Dieu suprême; car, si ce second mot
avait été un nom de divinité particulière, il eût fait
le trait caractéristique du nom et n'eût pu être retran-
ché. On comprend que *Abd-Allah*, *Aus-Allah*, *Teim-
Allah*, etc. soient devenus *Abd*, *Aus*, *Teim;* mais on
ne comprendrait pas que *Abd-Monât*, *Abd-al-Ozza*,
Abd-Kélâl, fussent également devenus *Abd*, puisque
la consécration spéciale à une divinité était le but
qu'on se proposait dans de tels noms[1]. M. Osiander[2]
remarque avec justesse que le nom de *El,* qui entre
si fréquemment dans la composition des noms propres himyarites, ne figure pas une seule fois dans
les listes de divinités particulières qu'on lit sur les
inscriptions. N'osant toutefois entendre ce nom dans
le sens monothéiste, il est obligé de supposer que
El avait un autre nom plus solennel qu'on préférait
dans les invocations officielles, hypothèse dont l'in-
vraisemblance frappe au premier coup d'œil.

Il est très-vrai que l'Arabie anté-islamique nous
offrirait un nombre presque aussi considérable de
noms idolâtriques; mais elle offre aussi beaucoup
de noms chrétiens, sans que personne ait conclu

[1] M. le duc de Luynes, dans son beau mémoire sur les monnaies
des Nabatéens (*Rev. numism.* 1858, p. 306, note), pense que plusieurs
de ces noms renferment le nom de Jah ou Jéhovah, comme ceux
des Juifs. Mais le seul exemple qu'il cite, *Obedas*, ne prouve point
cette thèse. *Obedas* est simplement *Obeid*, comme le démontre l'a-
nalogie des transcriptions de l'Auranitide (voy. Bœckh, n° 4630).
Les Nabatéens employaient la terminaison *as* au lieu de la terminaison *os*, qu'on préférait dans l'Auranitide.

[2] *Z. der d. m. G.* 1856, p. 61.

3.

de là que tous les Arabes de ce temps fussent chrétiens. Il n'a jamais été dans ma pensée de soutenir
qu'il n'y eût en Arabie beaucoup de païens : l'Arabie,
à cette époque, n'avait aucune religion exclusive. Ce
que je maintiens, c'est qu'au milieu de l'éclectisme
religieux qui régnait dans le pays, le culte du Dieu
suprême avait conservé de nombreux adhérents.
Voilà ce qui ressort d'une manière invincible des
noms précités, surtout si l'on songe que le témoignage des historiens arabes nous a menés exactement au même résultat[1].

Dira-t-on que les noms monothéistes que nous
avons cités sont le contre-coup de la grande importance que le judaïsme avait prise en Arabie longtemps avant Mahomet? Cela n'est point soutenable,
d'abord parce que plusieurs de ces noms sont antérieurs à notre ère, c'est-à-dire d'une époque où il
n'est guère permis de supposer une influence juive
en Arabie; en second lieu, parce que l'influence des
religions, quand elle n'aboutit pas à des conversions
en règle, s'exerce, non par ce qu'il y a d'élevé dans
leurs dogmes, mais bien par le petit côté du culte
et des observances. Que le judaïsme eût donné de
fort bonne heure des pratiques religieuses à plusieurs tribus arabes, je n'en serais pas surpris; mais
qu'il leur eût inspiré l'esprit monothéiste, si cet esprit n'avait point été en elles, c'est ce qui me semble
inadmissible. D'ailleurs si des noms propres avaient
été introduits chez les Arabes par le judaïsme, ces

[1] Voy. ci-dessus, p. 22-24.

noms auraient été des noms juifs, comme cela eut lieu, en effet, chez les tribus, en deçà et au delà de la mer Rouge, qui se convertirent à la loi juive (*Abréha, Iakoub*, etc.), bien plutôt que des noms tels que *Teim-Allah*, etc. profondément indigènes. Les idées inexactes qu'on se fait sur la manière dont s'opère le contact des religions et des littératures ont seules pu autoriser l'hypothèse invraisemblable que je combats en ce moment.

On n'est donc pas fondé à dire que le monothéisme n'a été chez les Arabes qu'un contre-coup du judaïsme et du christianisme. Sans doute ce fut le commerce avec les Juifs et les Chrétiens qui inspira Mahomet et décida sa mission ; mais l'islamisme était en réalité une réforme bien plutôt qu'une révolution radicale, et Mahomet n'avait pas complétement tort de le présenter comme un retour à la religion d'Abraham. Plusieurs de ses contemporains, travaillés des mêmes besoins que lui, arrivaient exactement au même résultat, et cherchaient par toutes les voies à restaurer la pure religion patriarcale[1]. Le contre-coup, d'ailleurs, est toujours inférieur à la cause qui le produit, et si le monothéisme n'avait été inoculé à l'Arabie que par le contact des Juifs ou des Chrétiens, comme cela, par exemple, a lieu de nos jours pour la Chine, il y serait timide, indécis, mêlé de restes des anciennes superstitions. Or, loin que l'islamisme soit moins monothéiste que le christianisme

---

[1] Caussin, *Essai*, I, 321 et suiv. — Sprenger, *Life of Mohammad*, p. 38 et suiv. 155 et suiv.

et le judaïsme ne l'étaient au viie siècle, il faut dire qu'il l'est beaucoup plus. Jamais l'idéal du monothéisme sémitique n'a été plus complétement atteint; plusieurs des dogmes chrétiens sont considérés par les musulmans comme entachés de polythéisme, et on peut même dire que ces dogmes ont été par antithèse la cause occasionnelle de l'apparition de l'islam. Si l'Arabie en effet n'avait trouvé dans ses instincts des motifs de répulsion contre la divinité de J. C. la Trinité, l'Incarnation, les expressions de *fils* et de *mère de Dieu*, elle fût devenue chrétienne. Pourquoi ne le devint-elle pas? Parce que sa nature profondément sémitique se révoltait contre ces idées d'un tout autre ordre, en sorte que, pour opérer la réforme religieuse dont elle éprouvait depuis longtemps le besoin, elle fut obligée de suivre sa voie particulière, et de se séparer profondément du reste du monde, qui, moins puritain, accomplissait sa conversion au monothéisme en embrassant simplement les dogmes chrétiens.

Et ce n'est pas seulement à l'époque de Mahomet que se décèle en Arabie cet instinct de réaction contre les complications superstitieuses, dont les cultes tendent plus ou moins à se charger en vieillissant. Toutes les fois que dans la longue histoire de l'islamisme la race arabe a pris part aux développements du dogme qu'elle avait créé, ç'a été pour essayer de le ramener à sa simplicité primitive, pour écarter les superfétations que les peuples convertis, et bien moins puritains en religion, cherchaient à y intro-

duire. La révolution almohade, la tentative des
Wahhabites, bien d'autres encore, doivent être en-
visagées comme de nouveaux islams, souvent presque
indépendants du premier, et provenant de cette espèce de ressort secret qui porte la race sémitique à
réagir sans cesse dans le sens du monothéisme. Si
le wahhabisme, en particulier, n'a pas réussi, c'est
qu'il a trouvé le monde dans un état complétement
différent de celui où était l'humanité à l'époque de
l'hégire; il lui est arrivé ce qui serait arrivé aux premiers musulmans, s'ils avaient trouvé à côté d'eux
un empire grec et un empire sassanide encore puis-
samment organisés [1]. Or dira-t-on que le wahhabisme est un contre-coup du christianisme ou du
judaïsme? Non assurément. Il est bien plus monothéiste que les deux religions précitées, et doit être
envisagé, ainsi que l'islamisme, comme le fruit des
instincts les plus profonds de l'Arabie. L'esprit qui
présida à l'apparition du wahhabisme tient, en effet,
à ce qu'il y a de plus intime dans le caractère des Bédouins, et surtout à cette fierté qu'ils portent jusque
dans leurs rapports avec la divinité. Le Bédouin
traite la divinité comme toutes les puissances, d'une
façon cavalière et presque dédaigneuse. Le poëme
de Job, si plein du sentiment de la grandeur divine,
et pourtant par moments si près du blasphème, si
étranger à toute idée de dévotion, me paraît à cet
égard le vrai miroir de l'esprit du Sémite nomade.

[1] Voir Burckhardt, *Notes on the Bedouins and Wahabys* (London,
1831), t. I, p. 99 et suiv. t. II, p. 95 et suiv.

Cet esprit vit encore de nos jours dans l'Arabie et chez les tribus nobles qui ont passé en Afrique. « On suppose les nomades superstitieux, dit M. d'Escayrac de Lauture, qui a très-bien compris certains traits du caractère arabe; ils sont indifférents, plus indifférents que nous en matière religieuse, et cette loi est générale. Leur religion, quand toutefois ils en ont une, est le monothéisme; à peine trouverait-on un exemple du contraire [1]. »

Il s'en faut, en effet, que le monothéisme soit le produit d'une race qui a des idées exaltées en fait de religion; c'est en réalité le fruit d'une race qui a peu de besoins religieux. C'est comme minimum de religion, en fait de dogmes et en fait de pratiques extérieures, que le monothéisme est surtout accommodé aux besoins de populations nomades; voilà pourquoi on peut dire également et que les Bédouins sont les moins pieux des musulmans, et que c'est chez eux que l'islamisme est le plus pur. On chercherait vainement chez les Arabes nomades les superstitions, les dévotions mesquines qui ont terni presque partout la doctrine unitaire; de là ce phénomène singulier que l'islamisme du Soudan est bien plus conforme à la pensée primitive de Mahomet que celui de Syrie, d'Égypte, de Constantinople. Les derviches et les ordres religieux, qui ailleurs ont supplanté les ouléma, n'exciteraient parmi les nomades

---

[1] Le Désert et le Soudan, p. 340. M. Burton a fait exctement les mêmes observations. (Personal Narrative of a pilgrimage to el-Medinah and Meccah, vol. III, p. 79 et suiv.)

que le dégoût. Ce puritanisme confine parfois à l'incrédulité. L'Arabe bédouin, à force de simplifier sa
religion, en vient presque à la supprimer; c'est le
moins mystique et le moins dévot des hommes. Sa
religion, renfermée dans un seul mot, Dieu est
Dieu, ne dégénère jamais en crainte servile. « Le
Persan, le Criméen, le Turc, dit encore M. d'Escayrac, traversent la moitié de l'Asie, le noir du
Sénégal affronte un voyage de deux années pour
adresser à Dieu leurs ferventes prières dans le sanctuaire de l'islamisme; le Bédouin, qui chaque année
vient planter ses tentes sous les murs de la ville
sainte, ne dépense pas un quart d'heure pour as-
surer son salut, et meurt à quatre-vingts ans sans
avoir accompli le premier devoir du musulman. »

Une loi rigoureuse nous montre l'islamisme d'autant plus pur qu'il reste plus exclusivement renfermé
dans la race arabe, d'autant plus altéré qu'il s'en
éloigne davantage. Cela revient à dire que l'islamisme est l'expression même de l'esprit arabe, et
dans un sens plus étendu de l'esprit sémitique. Le
même raisonnement peut être fait sur le judaïsme :
cette religion, en effet, ne conserve sa pureté que
tandis qu'elle ne sort pas de la race israélite; toutes
ses réformes, celle de Moïse Maimonide par exemple, sont des réactions contre l'anthropomorphisme
et un effort pour arriver à une idée de plus en plus
abstraite de la divinité [1]. Il faut donc reconnaître

---

[1] Je serais tenté de rattacher à la même tendance le panthéisme
abstrait de Spinosa, si différent du panthéisme vivant des écoles de

dans la branche nomade de la famille sémitique une sorte de monothéisme latent, résultat de sa constitution psychologique, souvent oblitéré par des causes du dehors, mais reprenant toujours le dessus, et destiné à convertir le monde à une notion plus simple de la divinité.

II.

J'ai à m'occuper maintenant de la partie de la race sémitique qui semble former contre la théorie générale que j'ai émise l'objection la plus forte, je veux dire des Chananéens, des Araméens, des Babyloniens, qui, dès une haute antiquité, se montrent à nous comme polythéistes. C'est là un fait trop évident pour que je n'en eusse pas conscience en traçant le portrait général des peuples sémitiques; mais cette exception, si grave qu'elle soit, ne m'a pas arrêté. En effet, quelque importantes que soient les fractions de la race sémitique qui viennent d'être nommées, est-ce par elles que cette race a surtout agi dans le monde? On ne saurait le soutenir. Qu'est-ce que la Phénicie dans l'histoire universelle comparée à la Judée? Qu'est-ce que Babylone comparée à l'Arabie? Le rôle des deux familles chananéenne et araméenne est donc secondaire, à côté des deux révolutions colossales auxquelles ont présidé les Sémites monothéistes. Est-il démontré, d'ailleurs, que la religion essentiellement païenne et la civilisation

philosophie indo-européennes, et qui est d'une provenance bien plus juive que cartésienne.

industrielle et commerciale de la Phénicie, de la
Syrie et de la Babylonie, fussent le fait de la race
sémitique [1]? Qui peut dire si cette religion et cette
civilisation n'étaient pas l'héritage d'une race antérieure à celle qui fit prédominer dans les pays en
question une langue sémitique? Les antiquités de
l'Asie occidentale nous sont encore trop peu connues
pour que, dans une peinture à grands traits, on dût
mettre sur le même plan des faits incertains et obs-
curs comme ceux de la vieille histoire phénicienne
et assyrienne, et des faits qui, comme le judaïsme,
le christianisme et l'islamisme, ont changé la face du
monde et continuent encore d'y fructifier.

Les cultes de la Phénicie, de la Syrie, de la
Babylonie paraissent avoir été fort ressemblants,
et il semble qu'il faut former pour eux dans l'histoire religieuse une catégorie à part [2]. Ils déri-
vaient évidemment de la même origine, et ils arrivèrent plus tard à se fondre en une sorte de religion
commune, qui, presque entièrement ruinée par le
christianisme, continua néanmoins jusqu'au xiie siècle
de notre ère sa misérable existence à Harran. Un
abîme sépare cette religion des cultes ariens; une

---

[1] Pour ne citer qu'un exemple, un des traits les plus caractéris-
tiques de la religion de ces contrées, la prostitution sacrée, ne paraît ni d'origine sémitique, ni d'origine arienne. J'y vois, avec M. le
baron d'Eckstein, un héritage de la vieille race civilisée qui semble
avoir précédé dans l'Inde et dans l'Asie occidentale l'arrivée des
races ariennes et sémitiques.

[2] Consulter pour le tableau de ces cultes les ouvrages de Selden,
de Movers et de Chwolsohn.

forte ligne la sépare aussi des cultes purement monothéistes; mais l'abîme est loin d'être de ce côté
aussi infranchissable. Chez les peuples ariens, le polythéisme est le fond même et l'origine de toute la
religion; plus on remonte vers l'antiquité, plus on le
trouve caractérisé. L'Arien comprit la nature comme
multiple et animée dans chacune de ses parties; il
vit dans tous les phénomènes de ce monde l'action
de causes libres. L'idée d'un Dieu unique et suprême n'apparaît chez les peuples de la race indo-
européenne que comme un fruit de la réflexion philosophique, et cette réflexion devait être insuffisante
pour amener une conversion générale de la race au
monothéisme, comme le prouve le spectacle de la
Grèce à l'époque de Julien, et celui de l'Inde de
nos jours. Les dieux ariens sont des éléments ou des
phénomènes naturels envisagés sous certains aspects:
peu à peu ils deviennent des individus; mais alors
même ils restent profondément distincts l'un de
l'autre, et ce n'est qu'à une époque moderne qu'on
arrive à les classer et à les subordonner les uns aux
autres par des procédés artificiels. Tel n'est point
l'aspect sous lequel nous apparaissent les religions de
la Phénicie, de la Syrie et de la Babylonie. Le polythéisme, chez les peuples de cette région de l'Asie,
est superficiel, et semble tenir à des malentendus,
à des contre-sens, à des interprétations grossières
des dogmes antérieurs, bien plutôt qu'à un concept
primitif. Quoi qu'en disent M. Vatke et M. Movers,
on chercherait vainement à quel élément, à quel

phénomène naturel correspondent les noms des divinités de ces différents pays : les impressions fugi-
tives de la nature, qui ont laissé leur trace dans les
formes même les plus défigurées de la mythologie
arienne, n'ont évidemment joué aucun rôle dans
ces théogonies d'un ordre nouveau. Les êtres qui
entourent la divinité suprême, צבאות (?), קדושים,
בני־אלהים, עירין, *Zophésamin*, Cadmiles, Æons,
عالمين, ne sont jamais des forces naturelles existant
par elles-mêmes, mais des créations ou des émanations de la divinité unique. On trouve des déesses,
il est vrai, chez les Sémites païens; mais le rapport
des dieux et des déesses n'a rien produit chez eux
d'analogue aux grandes légendes mythologiques de
l'Inde, de la Grèce, de l'Iran, de la Germanie. Plusieurs de ces déesses paraissent même devoir leur
existence à un système absurde d'interprétation évhémériste : telles sont, dans Sanchoniathon et Bérose,
la femme Βααύ et la femme Ὁμορωκά, à peu près
comme dans la Cabbale la שכינה « Présence divine »
est devenue une sorte de divinité femelle, par une
nuance fort analogue à celle du mot حضرة en turc
et en persan. Le culte des astres lui-même, qui paraît,
depuis une haute antiquité, avoir eu beaucoup d'importance parmi les Sémites[1], est loin d'offrir les caractères d'un culte primitif. Les mythes qui se rapportent au soleil dans les Védas et dans les plus vieilles
fables grecques n'ont rien de cette astrolâtrie systéma-
tique, qui paraît reposer sur un fond de science et de

---

[1] *Job*, XXXI, 26-27. — Cf. Vatke, *Die bibl. Theol.* p. 365 et suiv.

technique sacrées. Inutile de faire observer que les opinions répandues parmi les savants du xviie et du xviiie siècle sur le *sabéisme* ou culte des astres, envisagé comme la plus ancienne religion du monde, sont entièrement erronées. Ces opinions n'avaient d'autre base que l'autorité des écrivains arabes, ou plutôt de Moïse Maimonide, leur écho : or les Arabes et Maimonide paraissent avoir composé leur théorie sur le sabéisme d'après des vues à priori sans valeur, et au moyen de confusions de noms qui, grâce aux travaux de M. Chwolsohn, sont maintenant complétement éclaircies.

L'analyse étymologique des noms des divinités phéniciennes, assyriennes, babyloniennes et même arabes nous révèle, selon moi, le procédé fondamental par lequel s'est formé le polythéisme sémitique. Si nous parcourons ces noms, nous trouverons au fond de presque tous le nom du Dieu suprême, appliqué, par une méprise dont les exemples abondent dans l'histoire des religions, à une divinité particulière.

El est, sans contredit, le nom sémitique le plus essentiellement monothéiste. Il n'implique d'autre idée que celle de *force*, de *puissance;* c'est, si j'ose le dire, le terme générique pour exprimer la divinité. *El*, pourtant, se particularisa de bonne heure chez les peuples sémitiques, comme semblent le prouver : 1° les noms de villes chananéennes קבצאל (*Josué*, xv, 21), יזרעאל (*ibid.* xv, 56), qu'on trouve mêlés, vers l'époque de la conquête israélite, à ceux de בית־דגון

(*Josué*, xv, 4 1.), קרית־בעל (*ib.* 60)[1]; 2° les noms des rois syriens חזאל (I *Reg.* xix, 1 5, etc.), אלידע (*ibid.* xi, 2 3), mêlés à ceux de בנהדד (*ibid.* xv, 2 0, etc.), טברמון (*ibid.* xv, 1 8); 3° un assez grand nombre de noms propres, recueillis sur les monuments et les pierres gravées, par MM. Movers et Levy[2]. Je ne citerai que le nom ססראל, qui semble mis pour סרסראל, « princeps principum (est) El. » A l'époque plus moderne des cultes sémitiques, qui nous est connue par les sources grecques, Ἶλος, identifié avec Κρόνος, est de même un dieu particulier[3], mais un dieu particulier sous lequel on sent distinctement encore les traits du Dieu suprême. Le nom si caractéristique des *Kadmiles* (קדמיאל) « ministri Dei[4] », qui suppose une notion encore monothéiste de la divinité, est, à cet égard, la meilleure démonstration. Le nom de קדמיאל, en effet, se trouve chez les Hébreux comme nom propre appliqué seulement à des individus de la tribu de Lévi. L'idée qu'eurent les Grecs ou les Phéniciens hellénisés d'identifier Ilos avec Kronos est,

---

[1] On peut y ajouter, avec M. Movers (*Die Rel. der Phœn.* p. 667), le nom de localité *Phaniel* ou *Phanuel,* indiquant des apparitions de la divinité qu'on croyait être arrivées en ce lieu. Cependant ce nom est rattaché à une circonstance de l'histoire juive (*Genèse,* xxxii, 30).

[2] Movers, *Phœnizische Texte*, I, p. 47 et suiv. — Levy, *Phœnizische Studien*, II, p. 29-33.

[3] Voir la dernière des théogonies conservées par Sanchoniathon, p. 26 et suiv. (édit. Orelli). J'ai développé au long mes opinions sur l'*Histoire phénicienne* de Sanchoniathon dans un mémoire inséré dans le tome XXIII, 2ᵉ partie, des *Mémoires de l'Académie des inscriptions et belles-lettres.*

[4] Movers, *Die Rel. der Phœn.* p. 520 et suiv.

de même, fort remarquable : dans plusieurs autres
cas nous verrons les dieux sémitiques sortis d'une
notion primordiale d'infini et de temps sans limite[1],
faire aux Grecs l'effet de vieillards, et revêtir les
traits de Saturne[2]. Observons enfin que ce n'est qu'à
une époque fort moderne que les peuples ariens eurent l'idée de noms tels que Θεόδωρος, *Dévadatta*,
tandis que les noms composés avec אל remontent,
chez les Sémites, à la plus haute antiquité.

Le nom de *Baal* ou *Bel* prête aux mêmes observations que le nom précédent. Dès une époque fort
ancienne, on le trouve appliqué à une divinité particulière, et pourtant, comment douter qu'à l'origine
ce mot n'ait désigné le Dieu unique[3], quand on con-
sidère sa signification générale de *maître, seigneur*,
et surtout quand on remarque que, dans les documents hébreux les plus anciens, on le trouve toujours
avec l'article, הַבַּעַל? Dans les inscriptions sinaïtiques,
on le trouve également précédé de l'article et dans
un sens monothéiste : אלבעל « le Seigneur ». Baal,
comme El, fut identifié avec Kronos, et représenté
comme un dieu antique et primitif[4]. Ce n'est qu'à
une époque moderne qu'on le voit appliqué, comme

---

[1] Les conjectures de M. Levy sur la signification primitivement
matérielle de ces mots (*Phœnizische Studien*, I, 19) me paraissent
sans aucun fondement.

[2] Movers, *Die Rel. der Phœn.* p. 262 et suiv.

[3] Selden l'a très-bien vu. *De diis Syris*, p. 121 et suiv. (Amster-
dam, 1680). — Cf. Movers, *op. cit.* p. 172 et suiv.

[4] Movers, p. 185 et suiv. — Chwolsohn, *Die Ssabier*, II, 39, 166,
169, 275 et suiv. Les auteurs arabes l'appellent شيخ الوقار « le
vieillard grave ».

les autres noms du panthéon babylonien, à un culte
planétaire.

Les noms de divinités dans lesquels entre, comme
composant, le mot *Baal* ou *Bel*, impliquent également
ment le pouvoir suprême et non partagé. Tels sont :
Belitan, Baliton, Βωλαθήν = בעל איתן = Βῆλος ὁ ἀρ-
χαῖος [1]; *Beelsamin* = κύριος οὐρανοῦ[2]; *Baal-Melek* ou
Balmalkus[3]; *Malakbel*[4]. D'autres noms, tels que *Baal-*
Berith, Baal-Peor, Baal-Zeboub, Baal-Gad, Baal-
Sour, Baal-Tarz, Baal-Thamar, Aglibol (Elagabal),
Iaribol, etc. renferment, il est vrai, une limitation,
mais une limitation tirée de certains rites et de
certaines localités (comme Ζεὺς ὅρκιος, Ζεὺς ἀπό-
μυιος, etc.), non du caractère personnel des divinités représentées par ces noms. Chez les Hindous, les
noms de divinités composés avec *pati* « maître », tels
que *Vrihaspati,* sont aussi des dédoublements de
Brahma formés à des époques modernes.

Le nom de la divinité arabe هبل, *Hobal,* paraît
identique à הבעל [5]; mais il est possible que ce soit là
un emprunt moderne fait à la mythologie de la Sy-

---

[1] Movers, p. 256 et suiv.

[2] Sanch. *Fragm.* p. 14. — S. Augustinus, ad *Judices,* cap. XVI. —
Plaute, *Pœnulus,* act. V, sc. II, v. 66. — Cf. Chwolsohn, II, 159. —
Journ. asiat. décembre 1858, p. 520.

[3] *Nummi Cilic.* apud Gesen. *Monum. phœn.* p. 285.

[4] Movers, p. 400 et suiv. — Lajard, *Mém. de l'Acad. des inscr.*
t. XX, 2ᵉ part. p. 15 et suiv.

[5] Les Arabes expliquent ce mot dans le sens de *annosus,* ce qui
répond au moins à l'idée que l'Orient de la moyenne époque se fit
de *Bel.* (Voir à la page précédente.)

rie [1]. Le nom de *Baal* paraît avoir été étranger aux
Sémites monothéistes : on le trouve en Aramée,
en Chanaan, chez les Nabatéens de Pétra, mais non
chez les Hébreux, chez les Arabes proprement dits,
ni même, d'une manière certaine, chez les Himyarites.
Ces derniers peuples semblent préférer les formes
El et *Elah* ou *Eloh*. M. Chwolsohn conclut de là que
le culte de Baal fut primitivement étranger aux Sémites. Mais c'est là un système insoutenable [2] : tout
porte à croire, au contraire, que le nom de *Baal* fut
un de ceux sous lesquels une des branches de la
famille sémitique désigna le Maître suprême. Cette
branche de la famille n'ayant pas été fidèle au culte
patriarcal, et ayant laissé la pluralité s'introduire dans
la notion divine, le nom de *Baal* n'eut pas la fortune
des autres noms créés par le génie religieux des Sémites. Devenu un objet d'horreur pour les monothéistes purs, il resta chez eux, malgré l'orthodoxie
originelle de sa signification, le signe des cultes idolâtriques et impurs. C'est ainsi que les *dévas* des Hindous sont devenus des démons (*div*) pour les disciples
de Zoroastre, par suite d'un schisme qui s'opéra à
une époque ancienne entre les deux branches de la
famille qui a servi de tige commune à la race brahmanique et à celle de l'Iran.

Adonis est un synonyme de *Baal*. Il n'y faut chercher aucune individualité divine. Ce fut sans doute

---

[1] Chwolsohn, *Die Ssabier*, II, 168.

[2] M. Chwolsohn rapporte lui-même (*ibid.* p. 810-811) les objections que lui adressa M. Movers sur ce point.

le nom préféré pour désigner la divinité suprême dans quelques localités de la Phénicie, et en particulier à Byblos [1]; mais il resta en même temps le titre générique de tous les dieux [2], et le nom de Dieu par excellence : Θεὸν μέγαν ἁγνὸν Ἄδωνιν [3]. Si les Grecs ont appliqué ce nom exclusivement à Tammuz [4], c'est sans doute parce que le mot אדני se prononçait fréquemment dans les chants des fêtes de Tammuz, qui les frappèrent beaucoup. Κίῤῥις, κίρις, κύρις, donnés par les étymologistes grecs comme synonymes d'Ἄδωνις, se rattachaient probablement à quelque idée analogue.

Marnas, le dieu de Gaza, offre exactement le même sens qu'*Adonis* ou *Baal*, soit qu'on l'explique par ܡܪܢ « dominus noster », interprétation de beaucoup la meilleure, soit qu'on y voie, avec quelques interprètes, ܡܪܢܫ « dominus hominum ».

[1] Voir mon mémoire sur Sanchoniathon, p. 269. — Guigniaut, *Relig. de l'ant.* t. II, 3ᵉ part. p. 924. — Movers, *Rel. der Phœn.* p. 542-43.

[2] Movers, *ibid.* p. 194 et suiv. — Guigniaut, *ibid.* p. 919 et suiv.

[3] Oracle cité par Socrate, *Hist. eccl.* III, 23. Dans une inscription de l'an 49 de notre ère, trouvée près d'Aphaca (Bœckh, n° 4525), et rapportée inexactement par Movers (p. 543), Adonis paraît être appelé ὁ μέγιστος θεός. Mais cette inscription pourrait bien être de provenance juive, et en tout cas il faut se rappeler que le dieu topique était toujours le θεὸς μέγιστος de l'endroit.

[4] M. Chwolsohn (II, 210) a remis en doute, après Engel, l'identité de Tammuz et du dieu que les Grecs ont appelé *Adonis*. Ses aisons ne sont pas décisives. Cependant le nom de Tammuz fut inconnu à l'antiquité grecque et latine. Les efforts de M. de Witte pour le trouver sur un miroir étrusque (*Nouv. Annales de l'Inst. Archéol.* t. I, p. 509 et suiv. et *Bulletin de l'Inst. archéol.* 1842, p. 149-155) ne sont pas arrivés à produire une complète démonstration.

שֵׁד en hébreu signifie *idole* et *faux dieux;* mais Gesenius [1] a très-bien vu que c'est le mot سَيِّد « seigneur », correspondant de הבעל et האדון. Préoccupés de cette croyance que les dieux des nations étaient des démons, les Juifs employèrent par suite le mot שֵׁד pour désigner des esprits mauvais. Ce passage d'idées est, du reste, très-fréquent. Ainsi les *dévas* de l'Inde, comme nous le rappelions tout à l'heure, devinrent les *divs* de la Perse (syr. ܕܝܘܐ) lors de la scission entre la race brahmanique et la race iranienne. Le mot δαίμων a subi des transformations de sens analogues.

Les mêmes considérations peuvent s'appliquer aux nombreuses formes sous lesquelles le mot מלך « roi » se trouve appliqué, chez les peuples sémitiques, à la divinité : *Moloch, Milichus, Milcom, Milcam, Malika,* etc. et les composés *Adrammélek, Anammélek, Melkart,* etc. En éthiopien, la même racine a fourni le nom générique de la divinité. Le nom de Moloch, comme celui de Baal, paraît avoir été en horreur aux monothéistes purs, parce qu'il servit à couvrir des cultes impurs et inhumains, en particulier celui du feu, sous sa forme la plus barbare. Mais il est clair qu'à l'origine un tel nom de divinité n'impliqua rien d'individuel, et que ce n'est point par sa propre force qu'il est arrivé, comme l'*Agni* des Hindous, l'*Âtar* des Iraniens, à désigner le feu.

Elioun (עליון) « le Très-Haut » se retrouve chez les

[1] *Thes.* s. h. v.

Hébreux, chez les Chananéens[1], peut-être chez les Himyarites[2]. C'était le nom sous lequel Melchisédech adorait le Dieu unique (*Gen.* xiv, 18); plus tard nous le trouvons comme dieu suprême de Byblos et, ce semble, comme synonyme d'*Adonis*.

Ram « élevé », nom de divinité phénicienne fourni par Hésychius et par les monuments[3], est un synonyme d'Elioun. On rattache à la même racine le nom de *Rimmon,* divinité araméenne du temps des rois d'Israël[4]. Cette étymologie peut paraître douteuse. Cependant il est remarquable qu'on trouve le nom de *Rimmon* associé, comme une sorte d'épithète, à celui d'*Adad* (*Zach.* xii, 11). Or *Adad* est un nom bien connu de divinité syrienne, qui certainement désignait le Dieu suprême : « Deo quem « summum maximumque venerantur (Assyrii), Adad « nomen dederunt. Ejus nominis interpretatio signi-« ficat unus[5]. » Cette dernière étymologie (הדר = אחד) est peut-être un rapprochement fictif dans le genre de ceux que nous offre Philon de Byblos; elle atteste du moins qu'on reconnaissait encore, à l'époque de la décadence des cultes syriens, le fond de mono-

---

[1] Sanchoniathon, p. 24 (édit. Orelli). On ne peut méconnaître sa présence dans le mot *Pygmalion.* C'est par erreur, toutefois, qu'on y a rattaché les formes phéniciennes *alon, alonim,* dont la vraie transcription est אלן, אלנם, comme l'a prouvé l'inscription d'Eschmunazar (lignes 16, 18 et 22).

[2] *Zeitschrift der deutschen morgenländischen Gesellschaft,* 1856, p. 56.

[3] Movers, p. 395, 542. — Chwolsohn, II, 287.

[4] Selden, *De diis Syris,* p. 254.— Gesenius, *Thes.* s. h. v.

[5] Macrobe, *Saturn.* I, 23.

théisme qui se cachait sous le nom de ces vieilles divinités. Sanchoniathon dit de même Ἄδωδος βασιλεὺς θεῶν (p. 34).

Le nom de *Samemroum* (Ὑψουράνιος), fourni par Sanchoniathon, se rattache au même ordre d'idées que les précédents. J'insisterai moins sur le nom d'Ἄγρος, fourni par le même auteur, et sous lequel la plupart des interprètes ont vu, avec raison, l'hébreu שַׁדַּי « le Tout-Puissant ». C'est là, certes, une coïncidence des plus frappantes ; mais comme on ne trouve, en dehors de l'*Histoire phénicienne*, aucune preuve du culte de שַׁדַּי chez un autre peuple sémitique que chez le peuple juif, on peut craindre que ce ne soit là une de ces données hébraïques qui semblent s'être mêlées au fond vraiment phénicien de l'ouvrage traduit par Philon de Byblos. Quand un plus grand nombre d'inscriptions semblables à celles d'Eschmunazar nous sera connu, il sera permis de s'exprimer sur ce point avec précision.

La notion de primitive existence qui fit identifier l'*El* et le *Baal* des Sémites avec Saturne se retrouve dans plusieurs autres expressions sémitiques, qui devinrent, avec le temps, le nom de divinités particulières, mais qui, à l'origine, paraissent s'être appliquées à l'être suprême. Αἰών figure dans Sanchoniathon comme le nom d'une divinité : nul doute que cet Αἰών ne soit identique à l'Οὐλωμός de Damascius, identique lui-même à עוֹלָם, et ne se retrouve dans les Αἰῶνες des gnostiques et les عالمين du Coran[1].

---

[1] Voir mon mémoire sur Sanchoniathon, p. 257-258.

Sæculum, traduction de Αἰών ou עוֹלָם, semble figurer de même, sur une monnaie d'or d'Albin, comme nom d'une divinité d'Hadrumète[1]. Peut-être reste-t-il aussi une trace du mot עוֹלָם dans le nom palmyrénien Ἀαιλάμεις (voy. ci-dessus, p. 33). La même notion a fourni les noms de Ἄλδος et Ζεὺς Ἀλδήμιος, חלד, בעל חלדים. Elle se retrouve peut-être dans les divinités arabes *Aud* et *Obod*, qu'on croit expliquer par عوض ou عود, et أبو عوض « tempus, pater temporis[2] ». Elle fait le fond de l'expression עַתִּיק יוֹמַיָּא « l'ancien des jours » du livre de Daniel (VII, 9, 13, 22); peut-être a-t-elle fourni le nom de l'idole أزال des Bekrites et des Taglibites[3]. M. Schlottmann a rapproché pour le sens les expressions précitées du *Zervan akerene* des Iraniens[4] : il n'est aucune, en effet, de ces expressions qui nous ait été transmise par des textes antérieurs au contact des Iraniens et des Sémites sous les Achéménides; mais on s'explique difficilement comment un emprunt aussi particulier se serait simultanément étendu aux Phéniciens, aux Carthaginois, aux Arabes, aux Hébreux. Pour qu'Hadrumète en particulier ait honoré la divinité sous le nom de *Oulom* ou *Sæculum*, il faut qu'une telle expression ait existé dans la théologie phénicienne,

---

[1] Lenormant, dans la *Revue numismatique*; 1842, p. 90 et suiv.

[2] Movers, *Rel. der Phœn.* p. 261-263, 338. — Bœtticher, *Rudimenta myth. semit.* p. 4-5.

[3] Voy. le *Kamous*, s. h. v.

[4] Dans les *Indische Studien*, de M. A. Weber, I, p. 378.

au moment où la colonie punique se sépara de la mère patrie.

Le nom de *Kadmus* (קדם), qui paraît avoir servi à désigner chez les Phéniciens une divinité, se rattache, par cette acception, au même ordre d'idées. Cadmus porte, dans Clément d'Alexandrie, l'épithète de ὁ παλαιός[1], et il est probable qu'il faut l'identifier avec קדמון ou Πρωτόγονος, associé à Αἰών ou עולם par Sanchoniathon[2].

Le cycle mythologique de *Sandan* semble renfermer des éléments non sémitiques. Pourtant le nom de *Sandan* ou *Sandès* s'explique d'une manière si naturelle par ou ‹‹ l'Éternel ››, mot qui est encore aujourd'hui une épithète de Dieu chez les musulmans, que je suis porté à croire que le nom au moins de ce dieu est d'origine sémitique. Le passage de la Chronique d'Eusèbe : Ἡρακλέα τινές φασιν ἐν Φοινίκῃ γνωρίζεσθαι Δισανδὰν ἐπιλεγόμενον[3], qu'on a corrigé de diverses manières, doit peut-être se lire Αἰσανδάν (‹‹ qui vivit in æternum) ››.

Beaucoup d'autres noms de divinités particulières, chez les Sémites, paraissent n'être ainsi que des épithètes ; non des épithètes personnelles comme celles des divinités grecques et indiennes, mais des épithètes générales de la divinité suprême. Tels sont *Aziz* (le Mars de la Syrie) = עזיז ‹‹ le fort ›› ; *Sydyk* (un des Cabires) = צדיק ‹‹ le juste ›› ; *Misor* (frère de Sydyk, dans

---

[1] *Strom.* l. VI, c. 11, § 26. — Movers, *op. cit.* p. 517.

[2] Movers, *ibid.* 513 et suiv.

[3] Euseb. *Arm.* II, p. 106-107. — Cf. Syncell. p. 153 (Paris, 1652).

Sanchoniathon) = מִישׁוֹר, ou מֵישָׁר? « le juste »; *Sadid*
(Sanchoniath. p. 30) = شَدِيد et שַׁדַּי « le puissant »;
Kebira (nom d'Astarté, chez les Arabes), ἈσΊάρτη ἡ με-
γίσΊη (Sanchoniath. p. 34) = כבירה « la grande »; *Al-
Ozzâ* (idole arabe) = العُزَّى « l'excellente ». On se
rappelle que les Arabes exprimaient l'idée abstraite
de la divinité par le féminin; de là peut-être les idoles
femelles. Le nom même des *Cabires*, dont l'origine
sémitique n'est plus douteuse (כבירים = ϑεοὶ μέγαλοι),
n'implique point un rôle ni un caractère individuels,
comme les noms des tribus divines ou semi-divines
des peuples ariens, titans, gandharves ou centau-
res, etc. On peut dire qu'en général, chez les Ariens,
le sens des individualités divines a marché du particulier au général. Chaque dieu, partant d'une notion
d'abord très-limitée, tend de plus en plus à s'élargir,
à absorber les autres et à devenir la divinité par excellence. Le nom même des dieux, *dévas*, désigne
d'abord une classe d'êtres brillants et heureux, à
peine supérieurs à l'homme. Chez les Sémites, au
contraire, on part toujours du Dieu suprême, et l'on
arrive, par divers procédés de spécialisation, à des
attributions souvent fort limitées. C'est ainsi que les
grands dieux ont fini par n'être plus que des nains
difformes, réduits à un rôle assez humble dans les
divers panthéons de l'antiquité.

J'omets beaucoup de rapprochements qui servi-
raient à prouver ma thèse, mais qui à une critique
sévère peuvent sembler hasardés ou inadmissibles :

par exemple, l'étymologie qui rattache le nom du prétendu dieu sémitique *Chon* à la racine اٰكُن « être », ce qui en ferait le parallèle de Jéhova[1]; — l'expression analogue, כינא הוא « Ille qui est », que M. Oppert croit trouver dans les inscriptions cunéiformes de Babylone, et à plus forte raison l'explication que le même savant a proposée pour le mot Ὠκεανός[2], qui semble arien; — beaucoup d'autres expressions analogues et essentiellement monothéistes que M. Oppert tire des inscriptions assyriennes[3]. Une grande réserve doit être gardée sur des résultats si nouveaux et si surprenants. Je n'insisterai pas davantage sur le nom d'Ἰαώ, que de très-fortes preuves, savamment recueillies par M. Movers[4], établissent avoir désigné le Dieu suprême chez plusieurs peuples sémitiques[5]; ni sur les preuves frappantes par lesquelles M. le duc de Luynes[6], d'accord en cela avec M. Bunsen[7], croit

---

[1] Bœtticher, *Rudim.* p. 8.

[2] Oppert, *Journal asiatique*, février-mars 1857, p. 148 et suiv.

[3] Oppert, *Expédition scientifique en Mésopotamie*, II, p. 139, 311, etc.

[4] Movers, *Relig. der Phœn.* p. 539 et suiv. — Scholtz, *De orig. nom.* יהוה, p. 15 et suiv.

[5] Φράζεο τῶν πάντων ὕπατον θεὸν ἔμμεν' Ἰαώ. Orac. Apoll. Clarii apud. Macrob. *Saturn.* I, 18. — M. Lobeck (*Aglaophamus*, p. 461) et M. Movers (*l. c.*) ont montré que cet oracle n'est pas, comme on l'avait supposé, l'œuvre apocryphe d'un chrétien gnostique.

[6] *Revue numismatique*, 1858, p. 306, note. Aux noms propres cités par M. de Luynes, où semble entrer le composant *Iah*, on pourrait ajouter celui de Σαγχωνιάθων = שכניה : le *hé* aurait été changé en *thav* pour soutenir la terminaison.

[7] *Ægyptens Stelle*, V^es Buch, IIIe Abth. Contre cette opinion, voir Gesenius, *Thes.* p. 578.

avoir prouvé de son côté que le nom de Jéhovah a
été connu d'autres peuples sémitiques que des Hébreux; ni sur les épithètes de Μονογένης, Πρωτόγονος,
Φανής, etc. par lesquelles les Orphiques et les Grecs
d'une époque récente désignent le Dieu unique. Il se
peut, en effet, que sous tous ces noms se cache une
influence directe ou indirecte des Juifs ou des Sa-
maritains. C'est par l'analyse même des mots de la
théologie des Sémites païens, bien plus que par des
notions de provenance et d'âge incertains, que nous
avons cherché à prouver que le paganisme sémitique recouvrait, à l'inverse de celui des Ariens, un
monothéisme primitif[1].

En théologie, les mots sont plus que les choses.
L'excellente école de MM. Kuhn, Max Müller, etc.
a substitué, dans le champ des mythologies ariennes,
l'analyse des noms à la tentative de retrouver les
doctrines ou le prétendu symbolisme qu'ils récè-
lent, et c'est seulement depuis cette innovation,
qui fera époque en philologie, qu'on a pu conduire
avec certitude les recherches de mythologie comparée. Il faut procéder de même dans l'étude des religions sémitiques. Or, si l'analyse des noms de dieux
ariens mène avec évidence à reconnaître sous ces
noms des éléments ou des phénomènes naturels,
l'analyse des noms de dieux sémitiques, au contraire, mène toujours à l'idée de suprématie absolue,
de royauté, d'éternité, de toute-puissance, etc. On

---

[1] M. Guigniaut l'a bien entrevu. *Relig. de l'ant.* II, 3ᵉ part. p. 872
et suiv.

sent que la plupart de ces noms doivent leur origine à une sorte de dédoublement qui a transformé
en êtres distincts les noms divers d'un même être, soit
que ces noms exprimassent des attributs différents
de cet être, soit qu'ils fussent des synonymes, variant
de ville à ville ou de tribu à tribu, à peu près comme
si, chez les musulmans, *El-Rahmân, El-Kâdir*, etc.
fussent devenus des dieux distincts, ou comme si,
dans le catholicisme, les noms divers de la Vierge,
Nunziata, Dolores, Notre-Dame-de-Grâce, etc. eussent
été considérés comme s'appliquant à des personnages
différents. Tout culte qui n'a pas une organisation
théologique bien rigoureuse est exposé à ces sortes
de confusions. Le monument le plus curieux qui nous
soit resté du paganisme sémitique, l'*Histoire phénicienne* de Sanchoniathon, nous fait toucher du doigt
la cause génératrice du paganisme sémitique que
nous venons d'indiquer. L'auteur, en mettant bout
à bout les cosmogonies des différentes villes de la
Phénicie, arrive à nous donner *Beelsamin* « le seigneur du ciel », *Oulom* « l'éternité », *Kadmon* « l'antique », *Samemroum* « le haut maître du ciel », *Milik*
« le roi », *Schaddaï* ou *Sadid* « le tout-puissant », *Elioun*
« le très-haut », *El* « Dieu », *Bel* « le seigneur », *Melkart* « le roi de la ville », *Hadad* « l'unique (?) » comme
des dieux différents, père et fils les uns des autres.

Très-peu des noms de divinités énumérés ci-dessus
sont communs à toutes les branches de la race sémitique; mais comme ils expriment tous une même
idée, c'en est assez pour conclure, qu'à une époque

prodigieusement reculée, je veux dire à l'époque où la race sémitique ne s'était pas encore divisée en branches diverses, cette race était dominée par l'idée suprême de la divinité unique. Il est un nom au moins qui se trouve à peu près sans exception dans toutes les branches, c'est le nom tiré de la racine אלה (hébr. אֱלוֹהַ, chald. אֱלָהּ, syr. ܐܲܠܵܗܵܐ, arab. إِلَّه, himyarite, *idem*). On ne le trouve pas, il est vrai, en phénicien d'une manière certaine [1]; le ghez l'a perdu, probablement depuis l'introduction du christianisme en Abyssinie. Mais cela ne tire pas à conséquence, puisque ces deux idiomes ne sont que des subdivisions de branches où on le trouve : *fratr* ou *bhrathr* est, sans contredit, un mot primitivement arien, quoique les Grecs l'aient perdu et remplacé par ἀδελφός. Nous sommes donc autorisé à conclure de là que le nom d'*Eloh* ou *Ilah*, impliquant l'idée la plus pure de la divinité, était créé à l'époque où les ancêtres des Syriens, des Hébreux, des Arabes, des Himyarites vivaient ensemble dans une même patrie, c'est-à-dire à une époque qui dépasse de beaucoup les limites de l'histoire, et nous reporte presque jusqu'à l'origine des sociétés.

Nous nous sommes borné jusqu'ici à l'analyse

---

[1] אֵלֹן, qui est la forme phénicienne, se rattache plutôt à אֵל. Ἐλοείμ, donné par Sanchoniathon comme phénicien, et peut être un emprunt fait aux Juifs. M. Derenbourg a supposé (*Journ. asiat.* août 1844, p. 213, note) que la forme arabe اللَّهُمَّ avait la même origine.

des noms de divinités. Les particularités, malheu-
reusement trop peu nombreuses, que nous connais-
sons des anciennes religions sémitiques étrangères
au judaïsme nous mènent à un résultat semblable.
Ces particularités, en effet, ont souvent de frappantes analogies avec des traits de la religion juive
essentiellement liés au monothéisme. Le plus frap-
pant de ces traits est, sans contredit, l'existence d'une
loi rituelle et morale, censée révélée par le Dieu suprême. Or chez les Phéniciens, chez les Syriens et
chez les Babyloniens, nous retrouvons cette institution d'une manière incontestable. Sans admettre les
vues un peu exagérées de M. Movers sur ce point [1],
et surtout le système inadmissible d'après lequel
le nom et l'ouvrage de Sanchoniathon nous repré-
senteraient le nom et la substance de la *loi* phénicienne, je trouve dans un passage capital de l'*Histoire phénicienne* [2] la preuve évidente de l'existence
d'une telle loi. Sanchoniathon nous donne comme
législateurs de la Phénicie un couple divin : Θεὸς
Σουρμουβηλός et Θουρώ ἡ μετονομασθεῖσα Χουσαρθίς.
Il y a longtemps qu'on a reconnu dans Θουρώ le mot
תּוֹרָה des Hébreux, prononcé selon les habitudes phéniciennes. Quant à *Sarmubel*, dont aucune explication
satisfaisante n'a été donnée jusqu'ici, je n'hésite pas
à y voir שְׁמְרֵי־בֵל = *Observationes seu leges Beli*. La
racine שָׁמַר a fourni plusieurs mots, שִׁמְרִים, מִשְׁמָר,
מִשְׁמֶרֶת, signifiant *loi, prescription rituelle*. Le chan-

---

[1] *Die Relig. der Phœn.* ch. III et IV.
[2] Pag. 42 (édit. Orelli).

gement de *i* en *ou* est un phénicisme ordinaire (Βη-
ροὺθ pour *Berith*, etc.), et la transposition de la lettre
r est un fait commun dans toutes les langues. Le pa-
rallélisme du mot *Thouro* ne me paraît laisser aucun
doute sur la vérité de cette explication. Il y avait
donc en Phénicie, comme chez les Hébreux, une
Thora attribuée au Dieu suprême. A l'époque, plus
moderne, où la Phénicie tomba sous la dépendance
religieuse de l'Égypte, toutes les anciennes écritures
furent, il est vrai, attribuées à Thoth (Τααυτός de
Sanchoniathon); mais avant cela il dut y avoir une
époque où le code religieux de la Phénicie eut une
forme plus simple et plus accommodée au génie sémitique.

Cette même *Thora* ou *Thouro* que nous venons
de trouver chez les Hébreux et les Phéniciens, nous
la trouvons dans la ville syrienne de Gabala, sous
le nom de la déesse Δωτώ[1], avec cette mention remarquable, que dans son temple on révérait un πέπλος mystérieux. Nul doute que Δωτώ ne représente
le mot araméen דתא, qui signifie « loi », et qui, dans
le chaldéen des livres d'Esdras et de Daniel, est synonyme de תורה [2]. Le rapport établi entre Δωτώ et
Ἁρμονία est significatif, si l'on songe que Ἁρμονία est
la traduction de Χουσαρθίς, que Sanchoniathon,

---

[1] Pausanias, II, 1, 8.
[2] Quant au passage très-obscur du Deutéronome, XXXIII, 2, où
l'on croit retrouver ce mot, je le tiens pour altéré. Le mot *dat* ou
doto, en effet, paraît d'origine persane, et ne peut guère être antérieur, chez les Sémites, à l'époque des Achéménides.

de son côté, reconnaît pour synonyme de Θουρώ[1].
Qui sait si le πέπλος d'Harmonie ne renferme pas
quelque allusion au texte même de la *Doto*, qui
peut-être était suspendu dans un temple, comme
les stèles ou plaques sacrées de Carthage et de la
Phénicie?

Babylone eut aussi, à n'en pas douter, des *Thouro*
et des *Doto*. Je n'insisterai pas sur ce point, que M. Movers a établi avec beaucoup de pénétration[2], et que
la publication de l'*Agriculture nabatéenne*, promise
par M. Chwolsohn, mettra dans tout son jour. Le
nom d'*Oannès* couvre probablement quelque méprise
analogue à celles qui viennent d'être relevées pour
la Phénicie et la Syrie : en tout cas, il n'est guère
possible de méconnaître dans le mot Ἀννηδωτός le
composant רתא[3]. La *Loi de Dieu*, dont l'existence est
un trait essentiel des trois grandes religions sémitiques, fut donc également une institution fondamentale, même chez celles des nations sémitiques
qui ne surent point conserver aussi pures leurs
croyances et leurs mœurs.

Les cosmogonies forment un trait commun non

[1] Cf. Movers, *Die Rel. der Phœn.* p. 507 et suiv. et art. *Phœnizien*
dans l'*Encycl.* d'Ersch et Gruber, p. 393. — Bœtticher, *Rudim.* p. 12.
— Chwolsohn, *Die Ssabier,* II, 274-275.

[2] *Die Relig. der Phœn.* p. 92 et suiv.

[3] Guigniaut, *Relig. de l'ant.* II, 3ᵉ part. p. 888 et suiv. Je n'émets
que comme une conjecture dont je n'entends point encourir la res-
ponsabilité une supposition qui s'est souvent présentée à mon esprit, c'est que le mot *Vendidad*, dont l'origine est incertaine, pourrait bien être *Oan-dad* ou *Annedot*, ou en tout cas renfermer l'élément רת ou גֿ.

moins remarquable de toutes les doctrines religieuses des Sémites. Quand on compare les diverses cosmogonies sémitiques qui nous sont parvenues, celle du premier chapitre de la Genèse, celle de Bérose, celles de Sanchoniathon, celle de Mochus, celles qui nous ont été conservées par Eudème et Damascius, on est frappé, au premier coup d'œil, de leur air de famille. Il est vrai que, d'un autre côté, une profonde différence se remarque entre la cosmogonie de la Genèse et les cosmogonies qui viennent d'être énumérées. La cosmogonie de la Genèse est l'expression du monothéisme le plus pur. Bérose, Sanchoniathon, Mochus, au contraire, ont l'air de matérialistes et d'athées. Mais il est difficile de méconnaître chez ces derniers auteurs l'action d'une philosophie atomistique et d'un système brutal d'interprétation des mythes anciens. Il semble que le contact de la Grèce avec l'Orient se soit d'abord opéré par l'épicuréisme, système grossier et facile à comprendre, à peu près comme, de nos jours, nous voyons les Orientaux mis en rapport avec la civilisation européenne s'attacher à ce qu'il y a de plus superficiel dans la philosophie du xviiie siècle, et croire se donner un vernis de bon ton en affectant une sorte de matérialisme. Telle fut apparemment la situation d'esprit des premiers Orientaux qui écrivirent sur les traditions de leurs pays sous l'influence de l'esprit grec. Derrière leurs théories, en apparence dérisoires et impies, mais qui, en réalité, ne sont que grossières, on sent un fond de croyances plus spiritualistes et plus pures. Dans trois

au moins des cosmogonies transmises par Sanchoniathon (p. 20-24); le Très-Haut (Ἄγρος, Ἐλιοῦν)
sert encore de point de départ à la création de toute
chose et à la génération des dieux. Le rôle de la *Sagesse* ou de l'*Harmonie*, comme principe primordial
de la création et assesseur de la divinité, paraît aussi
un trait commun des cosmogonies sémitiques[1]. Dans
leurs cosmogonies, comme dans leurs théologies, les
Sémites paraissent avoir procédé de la notion abstraite à la notion naturaliste, à l'inverse justement
des peuples ariens.

Beaucoup d'autres particularités des religions phéniciennes et assyriennes rappellent le culte des Hébreux.
L'inscription de Marseille nous offre un rituel analogue, en beaucoup de points, à celui du Lévitique.
L'inscription d'Eschmunazar, avec quelques modi-
fications, pourrait passer pour l'épitaphe d'un roi
d'Israël; ce n'est pas la même théologie, mais c'est
le même tour d'imagination religieuse, et parfois ce
sont des croyances identiques, par exemple en ce
qui concerne les mânes ou רפאים. Le temple de
Melkart à Tyr, sans images sculptées, et servant de
but à un pèlerinage fameux, rappelle, à beaucoup
d'égards, celui de Jérusalem[2]. Les fragments de l'*Histoire phénicienne* de Sanchoniathon offrent bien d'autres points de rapprochement. Mais ici de grandes
précautions sont commandées, puisqu'il est difficile
de méconnaître dans cet écrit singulier, à côté de don-

---

[1] Cf. Schlottmann, *Das Buch Hiob*, p. 81 et suiv.
[2] Lucian. (ut fertur), *De dea Syria*, init.

nées purement phéniciennes, des emprunts faits aux
traditions des Hébreux et des confusions entre la religion phénicienne et la religion juive. Il est des points
cependant sur lesquels aucun scrupule de ce genre
ne peut s'élever. Ainsi les *Zophésamin* (p. 10) ressemblent fort aux chérubins du premier chapitre
d'Ézéchiel, et cependant n'en peuvent être une imi-
tation. Le nom d'*Adam*, אדם, appliqué au premier
homme, se retrouve, dans deux des cosmogonies
recueillies par Sanchoniathon, sous la forme de
Γήϊνος Αὐτόχθων et de Ἐπίγειος ou Αὐτόχθων (p. 20
et 24). Quoi de plus remarquable que ce trait qui
termine une des cosmogonies cousues ensemble par
l'auteur phénicien : « Ils engendrèrent des fils......
Ceux-ci habitèrent d'abord la Phénicie, et ils ado-
raient Beelsamin ? » (P. 14.) Les plates explications
par lesquelles Sanchoniathon défigure les textes anciens qu'il avait sous les yeux se trahissent elles-mêmes
en cet endroit : il veut que Beelsamin soit simplement le Soleil ; mais il ajoute : Τοῦτον Θεὸν ἐνόμιζον
μόνον οὐρανοῦ κύριον. A propos du dieu Ἄγρος, il dit
de même : Ἐξαιρέτως Θεῶν ὁ μέγισλος ὀνομάζεται.
(P. 20.) Qu'on se rappelle les réflexions toutes semblables, citées précédemment, de l'auteur de l'oracle
de Claros sur Iao, de Macrobe sur Hadad ; qu'on ob-
serve l'espèce d'affection que mettent les Grecs à
ne donner à Adonis et à Iao d'autres épithètes que
celles de ἁβρός et de ἁγνός [1], et l'on trouvera remarquable, je crois, que l'antiquité classique, si mal

---

[1] Movers, *Die Rel. der Phœn.* p. 542 et suiv.

placée pour comprendre dans son ensemble le monothéisme des Sémites, ait été frappée comme nous
de la physionomie des dieux de cette race, chacun
d'eux paraissant n'être qu'une dénomination ou un
aspect du Dieu suprême, particularisé et amoindri.

Enfin quelques rites communs à toutes les religions sémitiques attestent d'une manière frappante
leur unité primitive et leur origine patriarcale. Tels
sont les *Sakæa* des Phéniciens et des Babyloniens
(Ἐορτὴ Σαϰαιῶν = חג הסכות), fêtes que l'on célébrait
annuellement sous la tente [1], et qui rappellent la fête
des Tabernacles des Hébreux. Le Lévitique (xxiii,
42 et suiv.) veut que cette fête soit un souvenir de
la vie anciennement nomade des Hébreux. Plusieurs
critiques, et en particulier George et Hupfeld [2], ont
rejeté la vérité de cette explication, par cette raison
que des huttes de feuillage étaient un mémorial sou-
verainement inexact d'un séjour dans l'Arabie Pétrée.
Mais dans le livre d'Hosée (xii, 10), peut-être antérieur à la rédaction du passage du Lévitique précité, le même rapprochement est établi, et au lieu
de huttes de feuillage, il y est question de *tentes*
(אהלים). Je suis donc porté à envisager cette *fête
des tentes*, commune à tous les peuples sémitiques,
comme un souvenir de leur vie primitive, conservée
même chez ceux qui s'en étaient le plus éloignés.

[1] Movers, *Die Rel. der Phœn.* p. 480 et suiv.

[2] George, *Die ælteren jüdischen Feste* (Berlin, 1835), p. 276 et
suiv. — Hupfeld, *Commentatio de primitiva et vera festorum apud
Heb. ratione*, part. II (Halle, 1852), p. 9. — Comp. Ewald, *Die
Alterthümer des Volkes Israël*, p. 388-389 (Gœttingen, 1854).

L'idée de rattacher le culte à un sanctuaire unique et central, comme était le tabernacle chez les Hébreux, la caaba chez les Arabes, paraît aussi un trait général des religions sémitiques. On entrevoit sans peine combien un tel usage tient de près au monothéisme. Le pèlerinage s'y rattache comme conséquence nécessaire. Il jouait un grand rôle dans la religion phénicienne : l'île sacrée de Tyr, et en particulier le temple de Beelsamin était le point central où toutes les colonies rattachaient leurs vœux et leurs souvenirs[1]. La racine חנג est commune à toutes les langues sémitiques pour signifier *fêtes, panégyries, tournées processionnelles, danses en cercle, solennités revenant à des intervalles fixes, pèlerinage*[2]. C'est encore là un de ces mots que l'on peut faire remonter, avec les usages qui s'y rapportent, à l'époque antique où les ancêtres communs des Hébreux, des Arabes, des Araméens vivaient réunis dans un canton peu étendu et ne formaient qu'un seul corps de nation.

DEUXIÈME PARTIE.

I.

Que conclure de tout cela ? Que la race sémitique, comme la race arienne, eut en partage, dès les premiers jours de son existence, avec un certain type de langage, un certain type de religion, et que

---

[1] Movers, p. 672 et suiv. — Maury, *Hist. des relig. de la Grèce,* III, 242-243.

[2] Voy. Castelli *Lex. hept.* s. h. v.

l'idée fondamentale de cette religion était la suprématie absolue d'un maître unique, qui avait fait le ciel et la terre. Ce serait bien mal comprendre notre pensée que de donner à une telle proposition un sens matériel en quelque sorte, et de la faire synonyme de celle-ci : tous les peuples sémitiques ont été monothéistes. Un tel paradoxe serait trop facile à réfuter. L'esprit des races doit se juger d'après les traits généraux qui font caractère, et non d'après le nombre des cas individuels. On répète tous les jours, et avec raison, que les Français sont une nation spirituelle ; cela veut-il dire que tous les Français sont des gens d'esprit, et qu'il n'y a de gens d'esprit que parmi les Français? — Je ne puis admettre davantage qu'on oppose comme des difficultés insolubles à la thèse ci-dessus énoncée l'exemple des peuples sémitiques qui n'ont pas été monothéistes, et les cas individuels de monothéisme qu'on trouve en dehors des peuples sémitiques. Il me suffit, 1° que le caractère dominant du rôle des peuples sémitiques dans l'histoire universelle soit la propagation du monothéisme ; 2° qu'au fond même de la religion des Sémites païens on trouve beaucoup de traits qui ne s'expliquent que par une conception primitive de la divinité, radicalement différente de celle des peuples ariens, en ce qu'elle impliquait toujours l'idée de royauté absolue ; 3° enfin, que le monothéisme ne se soit produit en dehors de la race sémitique que par l'action de la philosophie. La philosophie, en effet, aspirant à n'être d'aucune race et à ne procéder que par la

logique abstraite, n'a rien à faire avec l'ordre de recherches qui nous occupe. L'esprit humain, tel que
le psychologue le décrit, est le même partout; mais,
à côté de l'esprit humain, il y a l'esprit de chaque
race, qu'il faut chercher surtout dans les manifesta-
tions populaires. La logique du peuple n'est pas celle
de l'école : il ne s'agit pas ici de savoir si pour être
conséquentes les diverses races auraient dû arriver
au monothéisme, mais si en réalité elles y sont arrivées.

Or il est un fait capital sur lequel nous ne nous
lasserons pas d'appeler l'attention des critiques : c'est
qu'il n'y a pas un seul exemple d'une nation polythéiste qui soit arrivée d'elle-même au monothéisme.
Certes, s'il est un moment où il semble qu'une telle
conversion aurait dû s'opérer, c'est à l'époque de la
lutte du paganisme hellénique avec le christianisme.
Sommé de se réformer, sous peine de mourir, l'hel-
lénisme mourut et ne se réforma pas. Ni les sarcasmes
des Pères de l'église, ni les exigences croissantes de
la réflexion, ni le sourire de l'incrédulité, ni tout
l'esprit de Julien, ne réussirent à tirer quelque chose
de raisonnable d'une religion conçue en dehors de
la raison. On arriva bien à une classification et à une
hiérarchie des dieux, dont il n'y a point de trace
dans l'état primitif des religions ariennes; on créa
une sorte de président ou de monarque du sénat
céleste, auquel on prêta la plupart des attributs du
Dieu unique; mais le choix se porta tantôt sur un
dieu, tantôt sur un autre; le dieu *primus inter pares*

ne fit point disparaître ses rivaux, et ne réussit jamais à opérer la grande simplification de l'Olympe, que les notions claires du monothéisme sémitique avaient seules le pouvoir de réaliser. Les essais d'interprétation monothéiste de la vieille mythologie indienne, qu'ont tentés les brahmanes, ne sont point arrivés à des résultats plus satisfaisants; il n'en est sorti qu'un panthéisme vague, fort éloigné du théisme essentiellement personnel des juifs, des chrétiens et des musulmans.

Un naturalisme primitif tendant vaguement au monothéisme, sans pouvoir l'atteindre, telle paraît avoir été la loi des religions ariennes. Un monothéisme primitif, ici se conservant très-pur, là s'altérant par divers malentendus et par le contact avec les religions étrangères, telle paraît avoir été la loi des religions sémitiques. Le polythéiste chez les Sémites, au moins chez les Sémites nomades, est celui qui *associe* à Dieu d'autres êtres (مُشْرِك); mais son infidélité même est comme un hommage rendu à Dieu. Qu'on lise le verset 160 de la surate II du Coran, on comprendra bien ce qu'était *Allah* pour les *Mouschrikîn*, et la différence qu'il y avait entre les superstitions condamnées par Mahomet et le polythéisme pur. L'isolement où nous apparaît le dieu des Sémites est du reste la meilleure preuve que dès l'origine il a été unique. Pourquoi Jéhovah, pourquoi Allah n'ont-ils autour d'eux ni héros, ni demi-dieux? C'est qu'ils ont une tout autre origine qu'un Zeus ou qu'un Brahma. Les dieux du polythéisme, en effet, ne se détrônent pas les uns les autres; ils se subordonnent les uns aux autres. Déjà dans le Véda on voit certains dieux recevoir des épithètes qui paraissent, au premier coup d'œil, ne pouvoir convenir qu'au Dieu unique. Mais cela tire si peu à conséquence, que, dans l'hymne suivant, des épithètes équivalentes sont appliquées à un autre dieu. Il semble que la vieille hymnographie obéit parfois à l'habitude qui, selon un proverbe populaire, porte les prédicateurs à exalter outre mesure le saint du jour, et qui, dans le cérémonial de l'Orient, fait toujours appeler le souverain auquel on s'adresse *roi des rois* et *souverain de l'univers*.

Loin que le monothéisme sémitique m'apparaisse comme une conséquence du progrès de la réflexion, je suis donc bien plutôt porté à l'envisager comme le résultat d'une intuition primitive, analogue à celle qui présida pour chaque race à la création du langage. En fait de religion et en fait de langues, rien ne s'invente; tout est le fruit d'un parti pris à l'origine une fois pour toutes. On conçoit que l'idée primitive se soit altérée, au moins parmi ceux des Sémites qui se trouvèrent en contact avec les populations établies avant eux en Babylonie, populations qui paraissent avoir eu une religion entièrement différente de celle des Sémites et de celle des Ariens; mais la notion de l'unité divine se conserva chez les nomades, souvent éclipsée, sans cesse renaissante. Elle arriva chez les Hébreux à une organisation très-perfectionnée, grâce à laquelle elle résista à toutes les attaques, se releva

de toutes les défaites, et s'empara, sous la forme chrétienne, d'une grande partie du monde. Les mêmes
instincts se réveillent six cents ans plus tard dans la
tribu de Koreisch, dépositaire des traditions et des
institutions centrales de l'Arabie, comme la tribu de
Juda l'avait été de celles des Hébreux. Ils créent l'islamisme, qui conquiert au monothéisme toutes les
parties du monde que le christianisme n'avait pas envahies, et achève ainsi l'œuvre providentielle des Sémites[1]. Ce qui prouve, en effet, que les trois religions
susdites sont bien l'œuvre du génie de cette race, c'est
qu'elles sont d'autant plus monothéistes qu'elles sont
plus sémitiques en leur origine et leur accroissement.
Tandis que ces religions restent dans le sein de la race
sémitique, elles gardent leur austère simplicité. Dès
qu'elles en sortent pour suivre leurs destinées, elles
s'altèrent. Le christianisme, la moins purement sémitique des trois, en ce sens qu'une foule d'éléments
non sémitiques sont entrés dans sa formation, et
qu'il s'est entièrement développé en dehors des
peuples sémitiques, est aussi, des trois, la moins monothéiste. Né dans le sein du sémitisme, le christianisme n'est plus reconnaissable cent ans après

[1] Cette unité des trois grandes religions sémitiques, procédant
toutes d'un même instinct fondamental, a été fort bien entrevue par
l'homme qui représente le mieux, de nos jours, la race sémitique,
je veux dire par Abd el-Kâder. C'est l'idée principale du curieux
opuscule traduit par M. Dugat (Paris, 1858). Voir surtout p. 99
et suiv. — Napoléon, qui avait parfois un sentiment assez juste des
choses orientales, a exposé des vues analogues. (*Campagnes d'Égypte
et de Syrie*, ch. v; 2 vol. Paris, 1847.)

qu'il a été adopté par les Grecs, si bien que les Sémites restés exempts d'influences étrangères, c'est-à-
dire les Arabes au vii* siècle, ne peuvent plus l'a-
dopter, à cause des éléments mythologiques et métaphysiques qu'il renferme, et se font un système
religieux bien plus monothéiste[1]. L'islamisme subit à
son tour le même sort. Il s'altère en Perse, dans
l'Inde, chez les Turcs; la légende de Mahomet, dans
l'imagination de ces nouveaux convertis, prend les
proportions d'une vie de Krischna ou de Çakya-
mouni[2]. L'Arabie proteste, et essaye diverses réformes, dont la plus caractérisée est celle des Wahhabites. Comment expliquer cet appel persistant à la
simplification de l'idée divine, si ce n'est par le puritanisme excessif de la race sémitique, qualité sin-
gulière qui fait que, son œuvre religieuse étant une
fois sortie d'elle et lui revenant après avoir traversé

---

[1] Aux preuves par lesquelles j'ai essayé d'établir l'originalité de
l'islam, ou, en d'autres termes, de démontrer que l'islamisme n'est pas
un simple calque du judaïsme, j'en ajouterai une qui m'est suggérée
par M. Caussin de Perceval. Un vers de la Moallaka de Zoheyr (v. 27)
est ainsi conçu : « Ne tentez pas de dérober aux regards de Dieu (اللّٰه)
vos secrets sentiments ; Dieu connaît tout ce qui est caché. » Quoi de
plus monothéiste? Or Zoheyr avait achevé toutes ses poésies avant
l'apostolat de Mahomet. (Caussin, *Essai*, II, 531.) Ce qui a empêché
de bien voir quelles racines le culte d'*Allah* avait dans l'Arabie avant
l'islam, c'est la fausse idée d'une religion unique qu'on suppose avoir
régné dans toute l'Arabie avant Mahomet. De certaines traces de paganisme on a ainsi conclu, contrairement aux bons principes de la
critique, que tous les anciens Arabes étaient païens.

[2] Le *Hiyat al-Koloub*, recueil de traductions schiites sur la vie du
Prophète, ressemble certainement plus au *Lalitavistara* qu'au *Sirat-
errasoul*.

des races étrangères, elle ne la reconnaît plus, et qu'elle éprouve le besoin de la réformer dans le sens de son esprit étroit, sec et dénué de toute flexibilité[1]?

Si les Sémites primitivement domiciliés et civilisés nous offrent sous le rapport religieux un spectacle différent de celui qu'offrent les Sémites nomades, cela s'explique de soi-même. Le nomade veut un culte simple, car il voit très-peu de chose et toujours la même chose. Le citadin, au contraire, veut un culte plus compliqué et des formes extérieures plus somptueuses. Les Sémites monothéistes, perdus au milieu de populations païennes, étaient d'ailleurs exposés à une perpétuelle tentation. Leurs idées épurées devenaient insuffisantes pour la foule dès qu'ils embrassaient la vie citadine. Si le peuple d'Israël n'eût eu le privilége unique de posséder dans son sein une tradition non interrompue de zélateurs religieux, cent fois il eût passé au culte de Baal-Peor ou de Moloch. Manquant ainsi à la vocation qui devait les mener à la gloire, les Israélites seraient aujourd'hui aussi inconnus que les Ammonites ou les Moabites. Il est probable que, parmi les tribus sœurs des Beni Israël, il y en eut plusieurs qui ne leur furent d'abord inférieures ni sous le rapport des idées religieuses, ni sous le rapport de l'importance politique. Mais n'ayant eu ni Moïse, ni David, ni Élie, ni Josias, ni Jérémie, ni Esdras, ni les Macchabées, elles ne furent que d'obscures tribus, privées par leur faute de l'u-

[1] Voir les excellentes réflexions du baron d'Eckstein sur ce sujet, dans ses *Questions relatives aux antiquités des peuples sémitiques*, § 20.

nique moyen d'action que la nature leur eût départi
pour coopérer à l'œuvre de l'humanité.

Le monothéisme en effet exige, pour être main-
tenu dans toute sa pureté, des institutions conservatrices très-sévères. Toute religion qui n'est pas
gardée par un clergé fortement organisé tombe fa-
talement dans le polythéisme. Qu'on songe à ce que
deviendrait le christianisme à Naples, par exemple, si
le clergé ne maintenait, au moins officiellement, en
présence du culte des saints le culte de la divinité! Le
bouddhisme, parti d'une idée si métaphysique, est arrivé dans certains pays, dans le Tibet par exemple, à se
fractionner en cultes locaux, différents de village à village, et sous lesquels l'unité du Bouddha a totalement
disparu. Le monothéisme des peuples sémitiques ne
résida jamais qu'en une imperceptible aristocratie. Le
peuple était toujours porté vers les pratiques des religions étrangères, à peu près comme de nos jours les
Juifs de Pologne font dire des messes en temps de cho-
léra, malgré les rabbins. Mais l'idée mère d'un peuple
est toujours représentée par un petit nombre. L'œuvre
de l'ancienne Rome est en réalité l'œuvre du sénat,
et pourtant nous l'attribuons avec vérité au peuple
romain; car il faut juger une nation par les grandes
choses qu'elle a faites dans le monde, lors même que
l'immense majorité de ceux qui la composent n'en a
eu aucune conscience et y a travaillé sans le savoir.

Un fait décisif traça d'ailleurs de très-bonne heure
une ligne profonde de séparation sous le rapport de
la destinée religieuse entre les divers peuples sémi-

tiques, je veux parler de l'interdiction ou de la per-
mission des images peintes et sculptées. Une nation
qui a sous les yeux des représentations figurées de-
vient presque infailliblement idolâtre. Toute repré-
sentation figurée, chez un peuple naïf et doué de
quelque imagination, produit avec le temps une légende ou un mythe. Les législateurs du monothéisme
des Hébreux comprirent bien cela. En défendant les
représentations figurées, ils posèrent la grande con-
dition de salut pour leurs institutions, et ils assurè-
rent avec habileté l'avenir religieux de leur tribu. On
peut dire que les nomades trouvent cette interdiction
dans les lois mêmes de leur existence : la vie nomade
exclut l'attirail nécessaire à un culte idolâtrique ; il faut
que le panthéon puisse s'enlever avec le *douar*. Une
arche portative, où sont renfermés les objets sacrés et
les archives, voilà tout ce que permettent les habitudes
du Bédouin : on voit sans peine à quelles conditions
de simplicité le culte se trouve par cela seul réduit.

Au fond, si l'on sait bien comprendre les observations qui précèdent, on verra qu'au-dessus de ce
que j'appelle l'instinct monothéiste il y a un principe plus général dont cet instinct n'est qu'une application, c'est le manque de fécondité dans l'imagination et le langage. On a montré avec finesse
en ces derniers temps comment chaque mot pour
l'Arien primitif était *prégnant*, si j'ose le dire, et
renfermait un mythe en puissance [1]. Le sujet de

---

[1] Voir surtout la *Comparative mythology* de Max Müller dans les

phrases telles que celles-ci : « La mort l'a frappé, une maladie l'a enlevé, le tonnerre gronde, il pleut, » etc. était à ses yeux un être faisant en réalité l'action exprimée par le verbe. Pour le Sémite monothéiste, au contraire, la nature fut l'ouvrage d'un maître souverain. Tous les phénomènes, et en particulier ceux de la météorologie, qui préoccupaient si vivement les peuples primitifs, étaient rapportés par lui à une cause unique. Le tonnerre était la voix de Dieu; l'éclair, sa lumière; le nuage orageux, son voile; la grêle, les projectiles de sa colère, et ainsi du reste. Les derniers chapitres du livre de Job[1], qu'on peut appeler un cours de physique et d'histoire naturelle sémitiques, ne nous montrent qu'un seul agent pour tous les phénomènes qui y sont décrits, et cet agent c'est Dieu. La pluie, dans toutes les mythologies primitives de la race indo-européenne, est représentée comme le fruit des embrassements du Ciel et de la Terre. « Le Ciel pur, dit Eschyle, dans un passage qu'on croirait emprunté aux Védas, aime à pénétrer la Terre; la Terre de son côté aspire à l'hymen; la pluie tombant du Ciel amoureux féconde la Terre, et celle-ci produit pour les mortels les pâturages des troupeaux et les biens

Oxford Essays, pour 1856, et dans la Revue germanique, juin et juillet 1858. Cet opuscule a été réimprimé séparément (Durand, 1859).

[1] A partir du chapitre xxxvi, v. 22. Une des particularités de style du discours d'Élihou, est l'habitude d'attacher l'affixe וֹ, se rapportant à Dieu, à presque tous les phénomènes ou agents naturels, אַרְצוֹ, אֵדוֹ, קוֹלוֹ, אוֹרוֹ, עֲנָנוֹ, etc.

de Cérès[1]. » Dans le poëme de Job, c'est Dieu qui crève les outres du ciel (xxxviii, 37), qui ouvre des rigoles aux ondées (*ibid.* 25), qui engendre les gouttes de rosée (*ibid.* 28).

Il attire à lui les émanations des eaux,
Qui se fondent en pluie et forment ses vapeurs.

Les nuages les répandent ensuite ;
Elles tombent en gouttelettes sur la foule des hommes.
(*Job,* xxxvi, 27-28.)

Il charge la nue de vapeurs humides,
Il pousse devant lui le nuage qui porte la foudre.

Celui-ci se porte de côté et d'autre sous sa direction,
Pour exécuter tout ce qu'il lui ordonne
Sur la surface de l'univers,

Soit qu'il s'agisse de punir ses créatures,
Soit qu'il en fasse un instant de miséricorde. (*Job,* xxxvii, 11-13.)

L'Aurore, dans les mythologies ariennes, est l'objet d'un nombre vraiment surprenant de mythes, où toujours elle joue le rôle d'un personnage et prend des noms divers. Elle est fille de la Nuit ; elle est embrassée par le Soleil ; elle engendre Tithonos ou le jour ; elle aime Képhalos (le Soleil) ; elle a pour rivale Prokris (la Rosée) ; elle fuit devant le Soleil et

---

[1] *Danaïdes,* Fragm. 108. Cf. Maury, *Hist. des relig. de la Grèce antique,* I, 398 et suiv. Il faut lire le *Prométhée* tout entier (par exemple, v. 88 et suiv. 104 et suiv. et les derniers vers) pour comprendre à quel degré Eschyle avait conservé le sentiment de cette vérité, que les dieux n'étaient que des forces naturelles conçues comme des êtres moraux.

est détruite par son étreinte. Dans le Rigvéda elle va dans chaque maison (I, cxxiii, 4); elle pense à la demeure de l'homme (I, cxxiii, 1); elle ne méprise ni le petit ni le grand (I, cxxiv, 6); elle amène la richesse (I, xlviii, 1); elle est toujours la même, immortelle et divine (I, cxxiv, 4; I, cxxiii, 8); elle ne vieillit pas (I, cxiii, 15); elle est la déesse toujours jeune, mais elle fait vieillir l'homme (I, xc, 11).

L'Aurore s'approche de chaque maison; c'est elle qui annonce chaque jour.

L'Aurore, la jeune fille active, revient éternellement; elle jouit toujours la première de tous les biens. (*Rigvéda,* I, cxxiii, 4.)

Ô Indra[1]! tu as frappé la fille de Dyaus (l'Aurore), une femme difficile à vaincre!....

L'Aurore s'est précipitée hors de son char brisé, craignant qu'Indra, le taureau, ne la frappât.

Son char gît là, brisé en pièces; elle est partie bien loin. (*Rigvéda,* IV, xxx.)

L'Aurore s'approche de lui (du Soleil); elle expire dès que l'être brillant qui illumine les cieux commence à respirer[2] (*Rigvéda,* X, clxxxix.)

Dans le livre de Job, au contraire, Dieu commande au matin, fait lever ou scelle les étoiles (ix, 7), assigne à la lumière et aux ténèbres leurs bornes réciproques (xxxviii, 19-20).

[1] Indra est la divinité solaire des Védas.

[2] Les indications et les traductions qui précèdent sont empruntées à M. Max Müller.

As-tu, depuis que tu existes, donné des ordres au matin ?
As-tu enseigné sa place à l'aurore,

Pour qu'elle saisisse les bords de la terre,
Et qu'elle en secoue les méchants ?

A son apparition, le monde change comme la terre sigillée;
L'univers se montre sous un riche vêtement;

Les malfaiteurs voient s'éteindre leur lumière,
Le bras déjà levé pour le crime est brisé (xxxviii, 12-15).

Presque toutes les racines des langues ariennes renfermaient ainsi un dieu caché, tandis que les racines sémitiques sont sèches, inorganiques, absolument impropres à donner naissance à une mythologie. Quand on s'est bien rendu compte de la puissance de la racine *div*, désignant l'éclat du ciel pur, on s'explique très-bien comment de cette racine sont sortis *dies*, *divum* (sub dio), Ζεύς, *Jupiter*, *Diespiter*, *Dyauschpitar* [1], *deva*, *deus*, Θεός. *Agni* (ignis), *Varouna* (Οὔρανος) *Ge* ou *De* (Δημήτηρ), contenaient également le germe d'individualités [2] qui, s'éloignant

---

[1] Je rattache à la même racine le nom gaulois jusqu'ici inexpliqué de *Teutatès* (Teu-tad). *Teu* correspondait à *Zeus*; *tad*, dans les langues celtiques signifie *père*. (Cf. Cæs. *Comm.* VI, 18 : «Galli se omnes ab *Dite patre* prognatos prædicant».) Tous les mots qui signifient «jour» et «Dieu» dans les langues celtiques se rattachent aussi à la racine *div*.

[1] Le mot *déva*, dans les Védas, semble encore désigner parfois une classe particulière d'êtres célestes, et en tout cas il conserve pleinement le sens épithétique de «brillant». Je dois l'indication de ces faits à M. Adolphe Regnier. Quant à l'application de *déva* et Θεός à l'idée abstraite de la *divinité*, envisagée comme un attribut commun de tous les dieux, ainsi que cela a lieu dans les noms propres Θεόδωρος, *Dévadatta*, elle n'a lieu qu'aux époques philoso-

de plus en plus de leur sens naturaliste primitif,
devaient arriver par la suite des siècles à n'être plus
que des personnages à aventures [1]. On chercherait
vainement à tirer une théologie du même ordre des
mots les plus essentiels des langues sémitiques, *or*
« lumière », *samâ* « ciel », *ars* « terre », *nâr* « feu », etc.
Aucun des noms de dieux sémitiques ne se rat-
tache à de pareils mots. Les racines dans cette famille de langues sont, si j'ose le dire, réalistes et
sans transparence ; elles ne se prêtaient ni à la métaphysique ni à la mythologie. L'embarras de l'hébreu pour exprimer les notions philosophiques les
plus simples, dans le livre de Job, dans l'Ecclésiaste,
est quelque chose de surprenant. L'image physique,
qui dans les langues sémitiques est encore à fleur
de sol, obscurcit toujours la déduction abstraite et
empêche dans le discours tout arrière-plan délicat.

L'impossibilité où sont les langues sémitiques
d'exprimer les conceptions mythologiques et épiques
des peuples ariens n'est pas moins frappante. On
essaye vainement de se figurer ce que deviendraient
Hésiode ou Homère traduits en hébreu. C'est que,

phiques. (Pape., *Wœrt. der griech. Eigennamen,* p. 164 et suiv.—Le-
tronne, dans les *Mém. de l'Acad. des inscript.* t. XIX, 1ʳᵉ part. p. 87
et suiv.) Dira-t-on que c'est également par suite de l'action d'écoles
philosophiques qu'on trouve le nom d'*Abdallah* chez les Arabes anté-
islamiques?

[1] J'aime à rappeler que l'initiative de ces vues appartient à Eu-
gène Burnouf. (Voir la préface du tome III du *Bhagavata Pourana,*
p. LXXXVI-VIII.) Il se plaisait à répéter l'axiome *Nomina numina,* qui
est devenu, entre les mains de M. Kuhn et de son école, la clef de
la mythologie comparée.

chez les Sémites, ce n'est pas seulement l'expression,
c'est la pensée même qui est profondément monothéiste. Les mythologies étrangères se transforment
toujours entre les mains des Sémites en récits pla-
tement historiques. L'évhémérisme est leur unique
système d'interprétation, ainsi que nous le voyons
dans Bérose, dans Sanchoniathon, dans tous les écrivains qui nous ont transmis des détails sur les mythes syriens et babyloniens, dans les historiens et les
polygraphes arabes, et peut-être dans les premières
pages de la Genèse elles-mêmes [1]. Ce singulier système tient à ce qu'il y a de plus profond dans la constitution de leur esprit. Le monothéisme, en effet,
comme nous l'avons déjà fait remarquer, est toujours
évhémériste dans les jugements qu'il porte sur les
religions mythologiques. Ne comprenant rien à la
divinisation primitive des forces de la nature, qui fut
la source de toute mythologie, il n'a qu'une seule
manière de donner un sens à ces grandes construc-
tions du génie antique, c'est d'y voir une histoire em-
bellie et des séries d'hommes divinisés.

II.

La plupart des objections qui ont été opposées
aux vues que j'ai émises sur le caractère général des
peuples sémitiques seraient, je crois, susceptibles
d'être résolues par des considérations analogues. On

---

[1] J'ai développé ceci plus longuement dans mon mémoire sur
Sanchoniathon.

m'a reproché d'avoir tracé un portrait qui ne convient qu'aux Hébreux et aux Arabes. Je persiste à croire que je devais prendre pour types de la race ces deux grandes individualités, dont l'étonnante ressemblance, à travers les siècles, est le plus sûr indice d'une primitive variété psychologique de l'humanité [1]. Je maintiens également la limite que j'ai assignée à leur constitution intellectuelle et morale. Tout en reconnaissant l'immense service que la race sémitique a rendu au genre humain, on ne saurait, selon moi, admettre que ce service tout négatif doive être préféré aux dons bien plus essentiels que la race indo-européenne a faits au monde, et qui forment, si j'ose le dire, le *substratam* de toute civilisation. L'esprit des peuples sémitiques manque en général d'étendue et de délicatesse. Tout ce qui est mesure leur échappe; ils font un règlement de police ayant pour sanction la peine de mort. L'intérêt n'est jamais banni de leur morale; la femme idéale dont le livre des Proverbes (xxxi, 10 et suiv.) nous trace le portrait, est une femme économe, intéressée, profitable à son mari, mais d'une moralité fort peu élevée. Le plus saint homme, chez les Juifs et chez les musulmans, ne se fait pas scrupule de commettre

[1] Je citerai, comme une curieuse coïncidence, l'opinion de M. H. Vernet, qui, dans un intéressant écrit (*Opinion sur certains rapports qui existent entre le costume des anciens Hébreux et celui des Arabes modernes*, Paris, 1856), est arrivé par des considérations d'artiste (les parties d'érudition de son opuscule sont défectueuses) à entrevoir l'unité du groupe sémitique, dont il ne connaissait pas l'existence scientifique.

des crimes atroces pour arriver à ses fins. La poésie
sémitique offre à peine une page qui ait pour nous
un charme de sentimentalité; quand l'amour s'y ex-
prime, c'est sous la forme d'une volupté lascive et
brûlante, comme dans le Cantique des Cantiques,
ou sous la forme d'une courtoisie de harem, comme
dans les Moallakât [1]. L'égoïsme, la violence et la
perfidie qui entachent depuis plusieurs siècles les
mœurs de l'Orient, et qui donnent à l'histoire musulmane dans tous les pays une si triste uniformité,
tiennent en grande partie à l'influence sémitique,
propagée par l'islamisme dans l'Asie tout entière. —
On ne peut non plus laver ces peuples du reproche
d'une certaine sensualité. La musique, le plus sen-
suel des arts, est le seul où ils aient réussi. Le goût
des pierres précieuses, des parfums, des narcotiques
sont dans le monde entier (les noms de ces objets
presque sans exception en font foi) des importations
sémitiques.

L'ordre intellectuel des pays sémitiques ou sémi-
tisés présente les mêmes lacunes. Le peu de cas que
les Sémites font de l'homme et de ses facultés les
amène à un grand dédain du savoir. Ils en croient
les limites beaucoup plus près de nous qu'elles ne
le sont en réalité. L'incomparable poésie du livre de
Job, et surtout les discours pleins d'une amère ironie
contre la science humaine, que l'auteur met dans la

---

[1] Quelques traits du cycle du *Kitâb el-Agâni,* en particulier les
récits d'Antar, d'Imroulkaïs, des deux Mourakkisch, impliquent
cependant une galanterie plus chevaleresque.

bouche de Jéhovah, cachent une absence totale du
sentiment philosophique. Au fond, la pensée de ce
livre est bien plus loin de nous que celle des produits
en apparence les plus singuliers de l'esprit indien. La
logique des Sémites diffère profondément de la nôtre.
Le Talmud est, sous ce rapport, un phénomène
étrange et effrayant; les raisonnements de saint Paul,
fort analogues à ceux du Talmud, ne sont que de
simples chocs d'idées sans lien syllogistique. Le
fiqh des musulmans ne s'élève jamais non plus au-
dessus de la science mesquine du casuiste. Le même
trait de caractère qui a interdit aux Sémites la grande
mythologie, leur a interdit la métaphysique, c'est-à-
dire la recherche des lois et des principes du monde.
Dieu est leur unique ἀρχή, et l'on pourrait montrer
que, toutes les fois que les spéculations métaphysiques
se sont développées dans le sein des religions issues
du sémitisme, ç'a été d'une manière subreptice, grâce
à l'influence des races indo-européennes, et par une
dérogation aux exigences de la rigoureuse orthodoxie.

On m'a objecté le développement scientifique de
Babylone, des Syriens et des Arabes. En ce qui concerne Babylone, il est certain que cette ville fut le
centre d'un assez grand mouvement intellectuel. J'ad-
mettrai même volontiers que ce mouvement a pu
avoir sur celui de la Grèce une influence plus considérable qu'on ne serait tenté de le croire au premier coup d'œil. Mais deux observations sont ici
nécessaires : 1° il est douteux que la discipline chal-
déenne soit de provenance sémitique; il faut y voir

plutôt, ce semble, un reste des institutions d'une
race antérieure, qu'à défaut d'un nom meilleur on
peut appeler *couschite*, institutions que la race sémitique aurait acceptées ou laissées subsister, comme la
race tartare l'a fait en Chine pour les institutions chi-
noises; 2° le développement scientifique de Babylone,
quelque graves conséquences qu'il ait pu avoir, paraît avoir été d'assez mauvais aloi. A partir de l'é-
poque des Séleucides, Babylone ne lègue au monde
que des extravagances et du charlatanisme : l'astro-
logie, la divination, le gnosticisme, des superstitions de toute espèce. Ce que les polygraphes arabes
nous apprennent de la science de Babylone (et l'on
peut, d'après ces écrivains, s'en faire une idée assez
exacte) nous en donne la plus pauvre idée. M. Chwolsohn soutient, il est vrai, avoir trouvé dans l'*Agriculture nabatéenne*, dont il prépare une édition en ce
moment, les restes d'une science aussi étendue et
aussi sérieuse que celle des Grecs ; mais, quelle que
soit mon estime pour les laborieuses recherches de
ce savant, je ne puis accepter qu'avec réserve les résultats qu'il assure devoir sortir du livre précité. Il
faut attendre, pour en juger, que l'ouvrage ait été
publié intégralement, et même alors il faudra probablement de longs efforts pour que la critique arrive à déterminer avec précision la véritable valeur
de ce monument singulier. Un caractère qui suffi-
rait à lui seul pour ne faire rentrer qu'à demi le
développement intellectuel de Babylone dans l'histoire de la grande science philosophique, c'est son

caractère usuel. La littérature de Babylone, comme
celle de Carthage, paraît avoir été surtout composée
d'ouvrages d'agriculture, de technologie, etc. C'est
vers la Chine, bien plutôt que vers la Grèce, que de
telles productions nous invitent à tourner nos regards.

En ce qui concerne les Syriens et les Arabes, re-
marquons d'abord que les Syriens ne sont que des
traducteurs et des commentateurs, de purs écoliers
des Grecs. Quant aux Arabes, leurs mouvements
sectaires et théologiques ont de l'originalité ; leur
philosophie et leur science n'en ont guère. C'est un
reflet de la Grèce, combiné avec des influences de la
Perse et de l'Inde. Cette philosophie arabe, qui a tant
d'importance à nos yeux, grâce à la vogue qu'elle ob-
tint en Occident au moyen âge, est à peine connue des
musulmans les plus érudits. Mal vue des orthodoxes
et souvent persécutée, elle ne compta jamais qu'un
nombre peu considérable de partisans, et fut entièrement étouffée au xiii⁰ siècle. Le soufisme est une
revanche bien plus éclatante de la liberté de penser
contre la rigueur musulmane ; mais le soufisme n'a
rien de sémitique : c'est un produit de la Perse, ou
plutôt de l'Inde, une réaction de l'esprit naturaliste
et panthéiste des peuples indo-européens contre la
théologie étroite partie de l'Arabie. L'influence des
philosophies Yoga et Sankhya sur la formation du
soufisme ne saurait être niée[1].

On peut donc le dire sans exagération, jamais

---

[1] Cf. A. Weber, *Akad. Vorles.* p. 215 (260 trad. Sadous) ; *Indische
Skizzen,* p. 116-117.

une pensée large n'est sortie du sémitisme. A l'exception du moment où a dominé l'influence persane par les Abbasides, l'islamisme a été pour les choses libérales un véritable étouffoir; son effrayante simplicité, supprimant toute vie civile, tout grand développement de science et d'art, en a fait un fléau pour des parties fort importantes du monde, et, quoiqu'une grande fraction de l'espèce humaine doive à Mahomet un culte plus pur, je ne sais si, dans l'ensemble de l'histoire universelle, la religion qu'il a fondée a été un bienfait. L'histoire de l'islamisme présente, à chaque page, le triste spectacle de tentatives sans cesse renaissantes d'une civilisation plus complète, ayant pour fauteurs des souverains intelligents, mais toujours étouffées par des recrudescences de fanatisme populaire. Ce fanatisme, il faut le dire, représentait des résurrections incessantes du véritable esprit de l'islam. Le livre d'Abd el-Kâder, récemment traduit, est à cet égard un curieux enseignement. On y voit avec surprise un esprit fort distingué, qui a été en contact perpétuel avec les idées européennes, rester étroitement renfermé, sous le rapport de la philosophie et de l'érudition, dans le cercle de l'encyclopédie mesquine des Masoudi et des Soyouthi. Le même phénomène a lieu en littérature et en poésie. Rien de plus uniforme que la littérature que l'islamisme a portée avec lui d'un bout à l'autre du monde. Les peuples devenus musulmans qui ont voulu conserver quelque littérature nationale ont été forcés de cesser d'être musulmans en

poésie, et de revenir à leurs vieilles fables. C'est ainsi
que la Perse s'est créé tout un cycle épique avec son
antique mythologie, transformée en histoire. Les Ma-
lais font de même : la partie originale de leur littérature est conçue dans leur ancien système mythologique, à peu près comme les peuples modernes, au
XVI⁰ et au XVII⁰ siècle, se croyaient obligés, dès qu'ils
parlaient en vers, de se faire païens. Dans le christianisme, qui renferme un si grand élément de poésie,
ce retour au paganisme était superflu ; aussi resta-t-il
toujours entaché d'une certaine fadeur. Mais les cadres
littéraires que l'islamisme portait avec lui étaient si
étroits, que cette espèce de protestation littéraire
était inévitable. Certes les légendes relatives aux conquêtes des premiers khalifes renfermaient quelque
chose d'épique, et les كتب الفتوح, qui en contiennent
le récit, offraient la matière de véritables épopées
musulmanes [1]; mais ce qu'il y a précisément de remarquable, c'est que ce germe ne se développa point ;
pour trouver des matières épiques, on se crut obligé
de sortir de l'islam. Les formes roides et froides de la
Kasida, si insuffisantes pour des imaginations quelque
peu fécondes, restèrent la loi de la littérature arabe ;
tant il est vrai qu'en toute chose l'islamisme n'a su que
comprimer et étouffer, jamais élargir et féconder.

En politique, comme en religion, les anciens Sémites paraissent, au premier coup d'œil, supérieurs
aux ancêtres des Ariens, tandis qu'en réalité le prin-

---

[1] Il en fut de même sans doute chez les Juifs pour les livres antiques, intitulés : ספר הישר et ספר מלחמות יהוה.

cipe de leur société était bien moins fécond. Les Sémites n'ont jamais eu de société civile dans le sens que nous attachons à ce mot. Le code mosaïque était complet vers le milieu du viiie siècle avant notre ère; or ce code suppose, dans quelques-unes de ses parties, des théories sociales si raffinées qu'on est tenté d'y voir des utopies qui n'auraient jamais été appliquées : tel est, par exemple, ce qui concerne l'année sabbatique et l'année jubilaire. Malgré cette apparente supériorité, le peuple juif n'a jamais eu de vie politique, et les institutions juives, qui ont tant servi au progrès religieux de l'humanité, ont très-peu servi au progrès de la vie publique. On peut même dire qu'elles y ont nui, en répandant partout un peuple détaché de toute patrie, et trop porté, ainsi que nous le voyons déjà dans le livre d'Esther, à fournir aux souverains des serviteurs dociles contre leurs sujets. Il faut en dire autant de l'islamisme. L'idée primitive de la société musulmane paraît d'abord très-noble et très-propre à maintenir la dignité de l'individu, puisqu'elle est la négation de toute souveraineté humaine, et qu'elle repose sur le principe, en apparence libéral, que le vrai croyant ne relève que de Dieu. Mais en réalité, il y avait là un principe à la fois d'anarchie et de despotisme, dont la société musulmane ne sut jamais se débarrasser. A l'anarchie des premières années qui suivent la mort du Prophète, succède une terrible compression, à laquelle la nature de l'islamisme ne fournissait aucun contre-poids. Ne connaissant pas la dis-

tinction du pouvoir spirituel et du pouvoir temporel,
qui a sauvé l'Occident et qui renferme le secret de sa
supériorité, le monde musulman eut le sort qu'aurait
eu la chrétienté, si les papes du moyen âge eussent
réussi à abattre le pouvoir séculier et à se constituer
en chefs des croyants. Un tel état de choses ne pouvait
comporter ni liberté de culte, ni liberté de pensée,
ni relations régulières avec les nations non musulmanes. La Turquie, qui de nos jours représente,
non certes la race, mais l'établissement sémitique
(l'islamisme, en effet, est un moule si impérieux pour
les nations qui s'y assujettissent, que tous les peuples
qui se font musulmans deviennent, en quelque sorte,
des Sémites), porte la conséquence de ce redoutable
isolement. Le mur de séparation qui sépare si profondément de nos jours les peuples musulmans et
les peuples chrétiens représente en réalité la divi-
sion de l'esprit sémitique et de l'esprit indo-euro-
péen, le christianisme ayant complétement dépassé
les limites de l'esprit sémitique, pour se conformer
à l'esprit des peuples qui l'adoptaient, l'islamisme,
au contraire, ayant violemment plié les races les plus
diverses à sa mesure. Les musulmans ont été moins
persécuteurs et moins violents dans leur propagande
que les chrétiens ; mais, en un sens, ils sont plus ex-
clusifs, parce qu'ils n'ont réussi à créer, en dehors
de la religion, aucun lien entre les hommes, ni aucune culture profane indépendante de la théologie.

Le Sémite ne connaît en réalité que le pouvoir
spirituel, soit sous forme patriarcale, soit sous forme

prophétique. Le schérif tient son pouvoir d'un principe religieux, et la mission des prophètes n'a point
encore cessé de nos jours. Les enthousiastes qui, jusqu'à ces derniers temps, s'élevaient chaque année
en Algérie, différaient fort peu des inspirés qui, à
chaque fête de Pâque exaltaient le patriotisme et
l'enthousiasme religieux du peuple d'Israël. Les pa-
négyres où, sous l'influence de prédications véhé-
mentes, se réveille comme par intervalle cet enthousiasme périodique, sont un élément essentiel de la
vie sémitique. La scène si originale rapportée dans
le livre de Jérémie (ch. xxxvi), où l'on voit la har-
diesse prophétique aux prises avec une police inca-
pable de la maintenir, se renouvelle tous les ans à
la Mekke, à l'époque du pèlerinage. Aucune race
n'est aussi sensible que celle des Sémites à ce genre
d'éloquence, dont nous trouvons le type dans le Deutéronome, dans Jérémie, dans le Coran. Ils ne con-
çoivent la grandeur que dans l'inspiration divine et
la sainteté. Les grands hommes de tous les peuples
étrangers, et même les personnages mythologiques,
deviennent pour eux des prophètes; tous les monuments inconnus sont des tombeaux de prophètes,
jamais de rois ou de héros[1]. Selon une sorte de philosophie de l'histoire, adoptée en général dans l'islamisme, quoique empreinte d'idées persanes, chaque

[1] Ceci est sensible surtout dans l'Inde musulmane. M. Botta rapporte que, lors de la première découverte des colosses de Ninive,
ses ouvriers s'enfuirent, croyant voir sortir de dessous terre d'anciens prophètes.

période de l'humanité a été présidée par son prophète. Aucune race n'a compris comme la race sémitique que l'idée (pour prendre un langage con-
temporain) gouverne le monde. Presque tous leurs
conquérants et fondateurs d'empires sont des pen-
seurs et des philosophes. La révolution almohade
sortit d'une école de philosophie. Nous possédons
à la Bibliothèque impériale (suppl. ar. nº 238) les
leçons professées par Abd el-Moumen, le héros de
cette révolution : c'est un livre plein de vues personnelles, qui ferait prendre son auteur bien plus
pour un penseur individuel que pour le créateur
d'une dynastie[1]. Chose étrange ! un tel principe de gou-
vernement, en apparence si rationnel et si noble,
ne sut fonder ni le respect de la vie humaine, ni la
liberté. Ces prophètes, qui sont les vrais représen-
tants de l'esprit sémitique, ces saints hommes, qui
de siècle en siècle furent comme les chefs de la race,
manquèrent toujours du véritable esprit politique.
Au point de vue de l'homme d'État, le rôle des plus
grands prophètes d'Israël ne saurait être jugé avec
assez de sévérité. Les premiers compagnons de Mahomet, et en particulier Ali, leur modèle, étaient
aussi dénués qu'on peut l'être de vues de gouverne-
ment. L'idée de la propriété n'a pas sans doute man-
qué complétement aux peuples musulmans, comme
on l'a quelquefois affirmé[2]; mais elle n'a jamais pris

---

[1] Je dois cette observation à M. Amari.

[2] Voir, pour l'histoire de cette controverse, Amari, *Storia dei
musulmani di Sicilia*, II, 13 et suiv.

chez eux cette solide assise qui est la seule barrière contre le despotisme et l'abaissement des mœurs. Le principe, en apparence inoffensif, que la terre n'appartient qu'à Dieu, et que Dieu la donne à qui bon lui semble, renfermait un venin grave qui devait affaiblir, en Orient, l'idée du droit, et faire plier tous les caractères sous la double oppression du despotisme et de la fatalité.

Le jugement sévère, à quelques égards, que nous avons porté sur les peuples sémitiques est donc justifié par l'histoire entière de ces peuples. Ils ont la gloire d'avoir devancé de beaucoup l'espèce humaine en religion, et même, à quelques égards, en idées morales et sociales; mais on ne peut dire que le germe du grand et large progrès de l'humanité fût en eux. Les erreurs d'un peuple viennent souvent de ses qualités; réciproquement, le bon sens, qui fait éviter les écarts, n'est pas toujours une garantie de puissance et d'élévation d'esprit. Douze cents ans avant l'ère chrétienne, la Chine était arrivée à une telle douceur de mœurs, que le jour de l'exécution d'un criminel était un jour de deuil dans l'empire, et que ce jour-là l'empereur ne prenait qu'un demi-repas[1]. A la même époque, les Hébreux en étaient aux épouvantables guerres d'extermination de Josué, et les Grecs, à l'état de piraterie organisée qui nous est représenté par le cycle de la guerre de Troie. Et pourtant quelle différence entre les destinées que la race chinoise d'une part, les races ariennes et sémitiques

[1] Voir le *Tcheou-li*, traduit par Éd. Biot, I, p. 73, etc.

d'une autre, portaient en elles! La complexité et la profondeur de la constitution intellectuelle des peuples ariens fut d'abord pour eux une cause d'infériorité; la nature leur donna le vertige, et, le manque de critique s'en mêlant, leur religion en vint, avec le temps, à n'être plus qu'un tissu d'aberrations. Les Sémites pouvaient alors, à bon droit, les prendre en pitié, comme des insensés adorant des ombres vaines. Et pourtant le privilége dont les premiers étaient si fiers ne tenait pas à une réelle supériorité. Le trait de caractère qui les préserva des fables et des superstitions du paganisme devait un jour leur interdire toute civilisation riche et variée : ainsi ils devinrent un obstacle dans la marche de l'humanité, après avoir été pour elle la cause d'un grand progrès.

Je répète ici ce que j'ai déjà dit bien des fois, sans que cela ait suffi pour prévenir les malentendus. Ces sortes de portraits de races doivent s'entendre dans le sens le plus général; pour juger de leur vérité, il faut les confronter avec le rôle historique des peuples eux-mêmes. L'histoire est le grand *criterium* des races, comme la pratique de la vie donne la mesure des individus. La vie des Kirghiz, telle que la décrit M. Hansteen, ressemble d'une manière frappante à celle des Sémites nomades, et pourtant nul rapprochement sérieux n'est ici à faire ; que l'on compare, en effet, le rôle historique des Kirghiz à celui des Israélites ou des Ismaélites ; quelle différence ! Le fait de la *race* est dans l'histoire de l'humanité un fait décisif; mais il faut, pour prévenir de graves

erreurs, bien entendre la valeur de ce mot. A l'origine, l'espèce humaine se trouva divisée en un certain nombre de familles, énormément diverses les unes des autres, et dont chacune avait en partage certains dons ou certains défauts qui, en se croisant plus tard, devaient fructifier pour le bonheur ou le malheur de l'humanité. Le fait de la race était alors prépondérant, et réglait tout dans les relations humaines. Peu à peu ce fait alla perdant de son importance ; des événements supérieurs aux races et d'un caractère universel, des religions propagandistes, telles que le bouddhisme, le christianisme, l'islamisme, des conquêtes telles que celle d'Alexandre, des civilisations envahissantes telles que celle des Romains et des peuples modernes, formèrent des ensembles artificiels, où l'idée de race fut rejetée sur un second plan, sans disparaître pourtant tout à fait. Quelques pays modernes, tels que la France, ont même réussi à éliminer complétement cette idée, et à fonder, au moins officiellement, leur système social sur l'égalité des hommes envisagés comme des unités abstraites, quelle que soit leur origine. La difficulté que l'esprit français trouve à comprendre les considérations ethnographiques n'a pas d'autre cause : la France n'offrant plus, si ce n'est dans quelques provinces reculées, de trace de variétés ethnographiques, les esprits renfermés dans le cercle des connaissances françaises sont toujours portés à regarder les théories qui se fondent sur la diversité des races comme des exagérations ou des paradoxes.

On oublie qu'en dehors de l'Europe occidentale la distinction des races a encore une importance de premier ordre, et que, dans le passé, cette distinction renferme le secret de tous les événements de l'histoire de l'humanité.

Certes il est impossible, au milieu de l'énorme croisement et de sang et d'idées qu'ont amené les siècles, de refaire la statistique primitive de l'humanité, et de dire avec précision ce que chacune des familles qui la composent a apporté au fonds commun de l'espèce. Mais les impulsions originaires subsistent, alors même que les races qui les ont données ont disparu ou sont méconnaissables. Les races sont à l'origine des faits physiologiques; mais elles tendent de plus en plus à devenir des faits historiques, où le sang n'est presque pour rien. A l'époque de la révolution française, toute distinction entre les Gallo-Romains et les Germains était bien impossible à reconnaître, et pourtant c'était la lutte séculaire des deux races qui se traduisait par la lutte des classes et des idées. Il est probable que dans celui des deux camps qui continuait la tradition germanique il y avait plus d'un Gaulois, et que dans le parti qui, en un sens, revendiquait les droits de la nationalité gauloise, il y avait plus d'un Germain; en tout cas, il est bien certain qu'aucun des combattants n'avait la conscience de représenter un conflit de race remontant à un millier d'années. La Turquie offre, sous ce rapport, un phénomène des plus frappants. Des milices d'origine tartare, sans cesse renouvelées par des rené-

gats de toutes les races, et arrivées par cette perpétuelle substitution à ne plus représenter aucun
élément ethnique, ont donné leur nom à une vaste
étendue de pays, et se sont mises au service de l'idée
toute sémitique de la domination universelle de l'islam; en sorte qu'une nombreuse agrégation d'hommes
se trouve porter un nom tartare et hériter d'un titre
de conquête tartare, sans avoir presque rien de tartare dans le sang, et en représentant un principe qui
n'a rien de tartare. On peut dire que la Turquie, à
l'heure qu'il est, n'a de turc que sa grammaire, puisque
les individus qui l'habitent, les lois et les institutions
qui la régissent, n'ont rien du type ethnique auquel
elle doit son nom, et que sa langue elle-même, res-
tée tartare quant au système grammatical, a presque
entièrement remplacé le vocabulaire indigène par
des mots arabes et persans.

Qu'on n'accuse donc pas l'école qui cherche dans
l'ethnographie et la philologie comparée la clef de
l'histoire, de donner trop au sang et de méconnaître
le côté moral et universel de la nature humaine. Les
races sont des cadres permanents, des types de la
vie humaine, qui une fois fondés ne meurent plus,
mais sont souvent remplis par des individus qui n'ont
presque aucun lien de parenté physique avec les fondateurs; à peu près comme les édifices séculaires,
qui, repris en sous-œuvre, gardent leur identité,
tout en changeant sans cesse de matériaux. Nous
ignorons si, à l'origine, ces grandes déterminations
dans le sein de l'humanité furent le fait de condi-

tions de naissance physiologiquement diverses, ou si elles vinrent de groupements postérieurs à l'apparition de l'homme et devenus par la suite des siècles des divisions permanentes. Ce qu'il y a de certain, c'est qu'avec le temps les races en viennent à n'être plus que des moules intellectuels et moraux. Le Turc, dévot musulman, est de nos jours un bien plus vrai Sémite que l'Israélite devenu Français, ou pour mieux dire, Européen. L'Afrique presque entière, et une grande partie de l'Asie, représentent, à l'heure qu'il est, grâce à l'islamisme, l'esprit sémitique, quoique les Sémites purs n'y soient qu'une fraction insignifiante de la population. Les plus graves révolutions morales ont parfois été le résultat d'une infusion de sang peu considérable. Presque partout la race indo-européenne s'est répandue en petites troupes, qui formaient, à l'égard des populations envahies, d'imperceptibles minorités. Le mode selon lequel cette race se propagea, dans les temps antéhistoriques, fut au fond peu différent de celui que nous voyons se pratiquer lors de l'invasion des Barbares, et se continuer jusqu'en plein moyen âge par les Normands. Certes, la proportion de sang germanique répandue en France, en Espagne, en Italie, est bien faible; et pourtant ces pays, au moins les deux premiers, ont été très-profondément germanisés, et cette légère infusion de sang a suffi pour créer dans l'histoire ce qu'on peut appeler une période germanique (le moyen âge).

Entendue avec ces restrictions, l'idée de race reste

la grande explication du passé. On est souvent tenté de croire que l'humanité marche à grands pas vers un état d'homogénéité ethnique, où, tous les ruisseaux originaires se confondant en un grand fleuve, la trace des provenances diverses de notre espèce serait effacée. La civilisation moderne, celle de la France en particulier, aspire à réaliser de plus en plus le mot de saint Paul, « Il n'y a plus de Juif, ni de Gentil, de Grec, ni de Barbare, » et en un sens c'est là un progrès en spiritualisme, puisque c'est un effort pour faire oublier aux hommes leur origine terrestre, et ne laisser subsister que la fraternité résultant de leur nature divine. Mais lors même qu'il viendrait un jour où les races ne seraient plus, c'est-à-dire où il n'y aurait plus que l'*homme*, avec ses aptitudes générales et ses droits naturels, on n'empêchera pas, du moins, que la diversité n'ait existé à l'origine. A quelque degré de philosophie abstraite qu'en viennent nos sociétés, la complexité des chose humaines ne sera jamais explicable si l'on ne remonte aux faits antiques qui, seuls, renferment le secret des idées, des institutions, et des mœurs de ceux mêmes qui en ont le plus complétement perdu le souvenir.

FIN.